AF256306

LUCIA GUIDORIZZI

BAGLIORI SUL SENTIERO

(ricordando il futuro)

Collana Heloquence N° 4
Foto copertina di Lucia Guidorizzi
Progetto grafico a cura di Grazia Velvet Capone

Codice QR della Playlist del libro “Bagliori sul sentiero”

A Sofia

Heloquence

Il combattimento spirituale è altrettanto brutale che la battaglia tra i corpi, ma la visione della Giustizia è un piacere che è riservato soltanto a Dio. Intanto, questa è la vigilia. Raccogliamo ogni influsso di vigore e autentica tenerezza. E all'alba, armati di un'ardente pazienza, entreremo nelle città splendenti.

Arthur Rimbaud da "Una stagione all'Inferno"

PREFAZIONE

I bagliori del foglio

Trovarsi di fronte alla pagina bianca in attesa dell'ispirazione per scrivere la propria autobiografia non è semplice: l'avorio delicato della carta è in realtà un baratro che risucchia, perché di fronte a un esordio tutto è possibile, riuscire o fallire, essere in grado o frustrarsi. Scrivere un'autobiografia non equivale a scrivere un libro in versi o un romanzo di finzione: significa essere in grado di scandagliare senza pietà la propria storia, scovarne ombre e "bagliori", scartare, sottolineare, ricucire; la stesura autobiografica appare di più di una semplice arte creativa simile a quella del decoupage o alla tessitura di recupero.
Si tratta di salvare brandelli di vita significativi, riconoscere i punti chiave delle nostre svolte esistenziali, rievocare episodi salienti che hanno fatto cambiare direzione al proprio destino. Se da un lato l'autobiografia può essere un procedimento catartico equivalente al diario personale in un percorso di psicanalisi, dall'altro si tratta però di un prodotto che viene pensato fin dall'inizio come accessibile a un qualsiasi lettore, e questo cambia tutto.

Cambia perché il percorso intimo di revisione della propria vita è esposto alla luce accecante del giorno, dove lo sguardo altrui può indagare e vivisezionare la nostra vita. Proposta rischiosissima e molto coraggiosa: uno scrittore può affrontarla solo se è arrivato a un punto di conoscenza del sé, tanto da sapere che ne uscirà comunque intatto. Lucia Guidorizzi con questa nuova opera conferma la saldezza del suo sguardo, la sua disponibilità ad affrontare le sfide più estreme della scrittura e consegna ai posteri queste pagine che illuminano il lettore con "bagliori" che prendono le loro scintille iniziali proprio da numi tutelari quali Alejandro Jodorowsky e Maria Zambrano.

"In una vita accadono fatti apparentemente insignificanti che però sono carichi di una potenza simbolica e rivelatoria" ci avvisa Lucia, proseguendo sul tema della metaletterarietà: "La vita umana, per la sua trama complessa di avvenimenti è ciò che più assomiglia a un romanzo". E dunque il romanzo della sua autobiografia comincia proprio con la nascita, "legata alla bellezza tormentata della terra, al suo continuo fermento, nella cui inquietudine germinativa" l'autrice si riconosce.

L'infanzia ha i toni gotici del collegio di suore e il lettore impara a conoscere e amare la piccola Lucia che scrive con la mano sinistra scatenando lo sbigottimento delle suore o la bambina che soffre di fronte all'inattesa morte del suo passerotto, ancora, la tenera scolaretta che si fa più in là nella sedia per lasciare posto al suo angelo custode. Sono pagine da subito intrise di guizzo ironico, ma anche forte intensità drammatica. La narrazione è scorrevole e confidenziale, come se l'autrice avesse deciso or ora di raccontarci un segreto. Lo fa alternando frasi drastiche, veicolo di riflessione come "L'educazione al sacrificio, è elemento fondante di ogni comunità", ma anche dimostrando un senso dello humor e un sarcasmo che non conoscevamo nella sua precedente produzione.

Le sue battute di spirito che ammiccano al lettore sanno condurci in una relazione con la protagonista che ci fa sentire come se la conoscessimo da sempre. Lucia interpella direttamente il lettore come se fosse un compagno di giochi costretto dalle suore, come lei, al momento del silenzio: "E se fosse questa la vita? Se la vita fosse come questo riposino pomeridiano, qualcosa che non si vuole e si subisce con docilità rassegnata?" Col procedere delle pagine l'autrice ci svela il riconoscersi nel nome Lucia e nell'eredità dei suoi avi e racconta l'avvicendarsi nei sentieri della poesia: i suoi versi, precedentemente pubblicati in altri libri, affiorano come ricordi e testimonianze.

Un titolo azzeccato, quello di quest'autobiografia, poiché conduce il viandante tra sentieri che costeggiano baratri, visioni luminose, paesaggi che si aprono al nostro sguardo, bagliori che sono illuminazioni quando scopriamo il sacro nella nostra infanzia, il destino che si compiva già da allora sotto forma di piccoli ciottoli che compongono un saldo cammino. Il percorso della vita è sempre un percorso accidentato, ma sono proprio le difficoltà, le asperità del terreno, le cadute e gli sviamenti a offrire l'opportunità di ampliare la propria conoscenza che diviene frutto di esperienze spesso diverse e dissonanti.

Mantenere dentro di sé tutte le frammentazioni e ricomporle in un'autobiografia è una sfida: offre una possibilità di sguardo che trascende dall'identità e dall'appartenenza. In realtà in ognuno di noi coesistono il vecchio e il bambino, l'adolescente inquieto e l'adulto temprato dalle vicissitudini dell'esistenza. Saper accogliere e riconoscere questa molteplicità identitaria è compito della scrittura: man mano che si procede s'impara a convivere con tutto quello che siamo stati, a fare pace con noi stessi, riconoscendo la luce e la tenebra del vivere, intrecciate insieme in un misterioso arazzo. Scrivere un'autobiografia è mettersi in cammino, imparando a dialogare con la propria Ombra come fa Nietzsche nel celebre dialogo tra il Viandante e la sua ombra che inizia così:

> *"L'ombra: Giacché è tanto tempo che non ti sento parlare, vorrei dartene un'occasione.*

Il viandante: Parla – Dove? e chi? È quasi come se sentissi parlare me stesso, solo con voce più debole della mia.
L'ombra (dopo una pausa): Non sei contento di avere un'occasione di parlare?
Il viandante: Per dio e per tutte le cose a cui non credo, è la mia ombra che parla: la sento, ma non ci credo."

Lucia che ha percorso più volte il Cammino che conduce a Santiago di Compostela, inoltrandosi nei territori estremi della Galizia, verso Finisterre, nelle contrade dell'estremo Occidente, lì dove Visibile e Invisibile s'incontrano, ha imparato a dialogare con la propria Ombra e ascoltarla e al tempo stesso ha compreso come riconoscere i bagliori improvvisi che si palesano lungo il sentiero.

Silvia Favaretto

autrice, illustratrice.

Identità discontinue

Così come laviamo il nostro corpo dovremmo lavare il destino, cambiare vita come cambiamo biancheria: non per provvedere al sostentamento della nostra vita, come col cibo e col sonno, ma per quell'estraneo rispetto per noi stessi che giustamente si chiama pulizia.

Fernando Pessoa

A tratti, camminando sui sentieri sterrati, si vede scintillare qualcosa tra i sassi e la polvere: si tratta d'improvvisi bagliori, attimi di consapevolezza che illuminano, pervadendoci con una sensazione di pienezza, con lampi di grazia e libertà. Durano solo un momento, ma quella luce ci accompagna per sempre.

Perché raccontare tutto, dire tutto?

Meglio lasciar spazio al segreto, mantenere zone d'ombra, territori inaccessibili. Il mito dell'identità pretende che essa sia unitaria, granitica, totalitaria. Penso che raccontare ogni dettaglio della nostra vita la privi di bellezza e di mistero, svuotandola della sua complessità. In realtà siamo un insieme di momenti discontinui vissuti in mondi paralleli.
L'identità non si lascia afferrare, è labile, sfuggente e in continua trasformazione.

"Lasciatemi almeno il diritto di contraddirmi" diceva Baudelaire con cognizione di causa. L'illusione della coerenza obbliga l'individuo a perseverare in una serie di modi e di atteggiamenti che lo incapsulano in una situazione senza via d'uscita. La cristallizzazione identitaria ci inchioda in un ruolo

al quale pensiamo di dover aderire per sempre. Eppure, sappiamo che nel mondo animale non è così: l'ermellino cambia il suo mantello col variare delle stagioni, il bruco diventa farfalla, il girino rana, non si rimane mai uguali a se stessi. È importante essere realmente consapevoli del susseguirsi d'identità discontinue, del poter volere una cosa, ma desiderarne un'altra. Avere la piena consapevolezza che il nostro amore verso qualcuno non mette in discussione l'amore verso qualcun altro, sapere di poter abitare stanze diverse che ci offrono spazi, condizioni e conforti differenti, permette di sciogliere ogni tensione e accettare il nostro essere poliedricamente molteplici. Lasciar spazio al mistero è importantissimo, tanto più nel nostro tempo in cui si è continuamente esposti e sotto gli occhi di tutti.

Quanto più aumenta la preoccupazione sulla privacy, tanto più si è visibili e rintracciabili, monitorati in continuazione su vari fronti. Spesso si crede che nel confidarsi completamente a qualcuno si possa essere riconosciuti nella propria totalità, invece si rischia solo di essere fraintesi.
Confessarsi significa tradirsi e nel momento in cui ci si consegna a qualcun altro, si diventa degli ostaggi, oggetto di possibili ritorsioni. Essere una persona sincera può diventare imbarazzante e produrre conseguenze devastanti. Del resto è la percezione diacronica della nostra identità a farci credere di essere un fluire ininterrotto e consequenziale, mentre la percezione sincronica ci permette di essere una molteplicità non necessariamente e universalmente riconosciuta o riconoscibile. Abitiamo in più mondi e in più luoghi di quanti crediamo e in ognuno di essi riveliamo e occultiamo parti della nostra identità. Nel corso della vita è importante liberarsi dalle zavorre ideologiche accumulate in merito alla nostra identità, che spesso ci obbligano a essere infelici, arrabbiati, insoddisfatti o ad aderire a idee e sistemi di pensiero superati.

Spesso nel corso di un'esistenza ci si trova lacerati tra antinomie che ci opprimono, caricandoci di sofferenza. Spesso sentiamo di dover scegliere tra due possibilità, tra due differenti stili di vita. Ad esempio, tra Passione e Ragione, quale via è possibile?

Ci si trova di fronte a questa dicotomia, che ci rimanda all'immagine iconografica di Ercole al bivio, esitante davanti a due figure femminili che gli indicano due strade opposte da intraprendere: la via del Vizio o quella della Virtù, la via della Guerra o quella della Pace. Passione e Ragione sono due perenni antagoniste o due alleate?

Questa stessa immagine compare nella sesta carta dei Tarocchi che rappresenta L'Innamorato. Questa è la carta dell'esitazione, evoca una situazione instabile, ambivalente e indeterminata, ma evidenzia anche l'importanza di compiere una scelta che implichi un superamento. Rimanere invischiati nell'incertezza è molto pericoloso e può essere destabilizzante e destrutturante.

Che fare? Può la ragione farsi appassionata e la passione ragionevole, o sono destinate a essere in perenne conflitto d'interessi? Sì, esiste una ragione appassionata capace di slanciarsi con impeto verso i suoi obiettivi, ma che poi sa trattenersi al momento giusto, come esiste una passione ragionevole che sa ardere senza incenerire tutto quello che tocca. La nostra vita spesso diviene ostaggio di forze contrastanti e bipolari, preda dell'antagonismo di scelte che scatenano conflitti che stanno alle radici stesse dell'essere e proprio per questo divengono passaggi irrinunciabili per pervenire alla conoscenza di sé. Solo se non si esaspera il conflitto dualistico si può superarlo, imparando a osservarlo, accogliendolo come elemento vitale, come risorsa esistenziale necessaria per la nostra vita. Solo mettendosi in ascolto si può cercare di sviluppare la nostra interiorità, si può pervenire a un sapere dell'anima che libera da ogni forma di giudizio. Allora il frastuono dei nostri monologhi interiori tace e possiamo conoscere il silenzio, attraversarlo, per approdare al significato più autentico della parola.

Parlare di se stessi in un'autobiografia significa sempre entrare in un territorio franoso, ricco d'insidie che possono derivare dal pericolo di abbandonarsi al tono elegiaco, a un'intimistica nostalgia, al narcisismo e all'autoreferenzialità, al ripiegarsi su se stessi rimpiangendo stagioni ormai concluse o dal raccontare minuziosamente esperienze che fanno parte di un vissuto personale incapace di farsi universale.

In realtà tutto dipende dal modo di raccontare le esperienze vissute. Talvolta, per renderle appetitose, si indulge nel caricare le memorie di particolari piccanti, trasgressivi che possano alimentare nei lettori la curiosità e la morbosità. Oppure si può cadere nel sentimentalismo e nella malinconia dei bei tempi ormai trascorsi e tramontati per sempre, finendo per diventare noiosi.

Piuttosto che diffondermi in memorie elegiache e autoreferenziali, preferisco soffermarmi sull'immensa risorsa speculativa offerta da un'anamnesi che si sviluppa in forma di ricapitolazione, in grado di aprire sentieri alla consapevolezza e offrire occasioni di conoscenza. Raccontare la propria vita allora diventa abbandonarsi a quella che Alejandro Jodorowsky chiama "la danza della realtà" che eleva il racconto di semplici accadimenti al rango di vicende interiori, rivestendoli di significati profondi. In una vita accadono fatti apparentemente insignificanti che però sono carichi di una potenza simbolica e rivelatoria; riflettere su di essi può offrire la possibilità di mettersi in cammino.

La filosofa spagnola Maria Zambrano, nella sua intensa autobiografia "Delirio y Destino", racconta un episodio che operò su di lei un orientamento importante, influenzando la sua idea di filosofia; in gioventù Maria si era trovata in conflitto, sentendosi attratta da due scuole diverse di pensiero che la affascinavano con eguale intensità, adombrate l'una dalla dimensione oscura e magnetica esercitata dal filosofo basco Zubiri e l'altra da quella solare ed elegante del suo maestro Ortega y Gasset. Un giorno, mentre seguiva una lezione in un'aula dell'Università, fu colpita da un raggio di sole che penetrava attraverso un pesante tendaggio e subito si presentò alla sua mente la soluzione del conflitto; da quel momento decise che sarebbe stata depositaria di un nuovo sapere, capace di operare un incontro, una fusione tra le due diverse scuole di pensiero e questa nuova conoscenza poteva essere sintetizzata in un'immagine: la penombra attraversata dalla luce dell'allegria.

Questo racconto dimostra come certi accadimenti apparentemente insignificanti assumano una risonanza interiore capace di attuare importanti svolte esistenziali. Questa grande filosofa si sofferma a riflettere anche sul ruolo che la Guida assume come genere letterario specifico e in un certo senso reputo che lo scrivere un'autobiografia debba costituirsi come una guida per chi la legge.

La vita umana anela a trasformarsi, e si modifica continuamente, a contatto con certe esperienze che l'attraversano. In Spagna la *"Guida dei perplessi"* fu scritta nel Medioevo da Maimonide, in un periodo in cui le culture orientali, araba, ebrea e greca, interagivano profondamente tra loro. La Guida consiste in una sorta di trattato filosofico in cui l'etica si propone come rimedio alle asperità del vivere e offrendoci un sapere derivato dall'esperienza si distingue profondamente dal sapere filosofico e scientifico.

La Guida si costituisce come un genere letterario comunicativo ed enigmatico e talvolta si manifesta in forma di apologo, proverbio, consiglio apparentemente incomprensibile, capace di essere compreso solo dagli iniziati. L'esperienza umana, frammentaria e discontinua, trova nella Guida un mezzo per sistematizzare il sapere dell'esperienza, senza per questo elevarlo al rango di certezza.

La Guida ci offre un'occasione per elaborare le esperienze individuali dando loro una forma, un metodo, un'unità e si rivolge a un interlocutore in grado di accoglierne i contenuti, in quanto ha esperito le condizioni di cui si parla, anche se non sempre è stato in grado di collocarle in un contesto. Si tratta di un sapere esperienziale che trasforma chi raccoglie il messaggio offrendogli l'opportunità di trasformare la propria vita. In un certo senso la Guida anticipa la funzione del romanzo poiché offre al lettore un mezzo per riconoscere i propri vissuti personali, rispecchiandosi nella narrazione.

Chi vaga disorientato tra i meandri dell'esistenza diventa così consapevole che la sua vita è una storia dalla trama complessa. In effetti, la vita umana, per la sua trama complessa di avvenimenti è ciò che più assomiglia a un romanzo. Nel romanzo che è la nostra vita, siamo noi a creare il personaggio, la trama e l'intreccio. Come nel romanzo contano soprattutto la fantasia e lo stile narrativo, così vivere bene non è solo una questione morale, ma soprattutto estetica: si tratta di condurre bene la narrazione, con un ritmo che corrisponda alle nostre esigenze interiori.

Una vita dispersa e confusa è stagnante, paludosa, mentre la vita vera è quella che sa fronteggiarne le insidie. Perché i perplessi hanno bisogno di una Guida più degli altri? La perplessità consiste nella mancanza di decisione, il perplesso davanti a varie alternative non sa decidersi per nessuna e ha paura di scegliere. Il perplesso ha un ampio campo di scelte: in un certo senso la perplessità è un lusso. Chi è mosso dalla necessità non è perplesso, la perplessità presuppone una società matura e un individuo libero di muoversi.

Per questo la perplessità spesso è accompagnata da svogliatezza e timore, perché è caratteristica di chi non sa affrontare una vita vera. Per superare la perplessità bisogna innamorarsi, solo così si può arrivare al centro del cuore e aprire questo canale energetico.

È allora, che raccontare la nostra vita non è più un esercizio di autoreferenzialità, ma diviene la storia di un'anima, di come e in quali circostanze il virgulto dell'interiorità attecchisca e si radichi, sviluppandosi fino a diventare un grande albero, l'Albero della Conoscenza.

Guida per malinconici

Non c'è bellezza senza malinconia e non c'è malinconia senza la cognizione che tutto è destinato – uomini, nomi, libri, case – ad andare in polvere.

Francis Scott Fitzgerald

Se il tedio di giornate piovose scandisce il vostro tempo interiore e le parole del libro che state leggendo sfilano indistinte sotto il vostro sguardo assente...
Se lo specchio non riflette altro che un fantasma annoiato mentre la vostra mente non si posa, ma come un calabrone d'inverno ronza rabbiosa sempre nello stesso angolo... se il grigio delle cose vi resta appiccicato addosso come un mantello di cenere... se la mattina è fatica, il pomeriggio torpore, la sera febbrile inquietudine e la notte è insonnia, allora Saturno è il vostro astro.

Camminando sotto la pioggia tra le nuvole opprimenti e la terra inzuppata di pozzanghere sentite un orologio scandire il tempo monotono... vi guardate intorno e non vedete altro che ragnatele di alberi spogli... Il cancello arrugginito del giardino stride e mentre entrate inciampate sulla soglia nella quale si ammassa putredine di foglie cadute... improvvisamente notate un pettirosso che saltella tra le piante intristite. I suoi movimenti leggeri e rapidi sorprendono nella quiete crepuscolare e fanno presagire altri stupori.

In questo stesso momento, in un punto imprecisato della città, in una casa silenziosa e accogliente, qualcuno sta versando del tè in una tazza di porcellana di Delft... un bambino

starnutisce alla fermata dell'autobus numero 8... in un grande magazzino una ragazza si sta provando un paio di orecchini che non comprerà...
Tutto ciò non ha nessuna importanza, ma non siete più quelli che eravate un momento prima.

Il pettirosso è lì, impertinente che vi guarda.

Genesi

Sono nata a Padova alle 13.30, era venerdì, il 6 aprile 1956, cinque giorni dopo Pasqua, in un giorno di neve. Sono un Ariete con ascendente Leone.

"Aprile è il mese più crudele,
Genera lillà da terra morta,
Confondendo memoria e desiderio,
Risvegliando le sopite radici della terra
Con pioggia di primavera."

T.S.Eliot da "La Terra Desolata"

Questi versi riassumono molto bene la mia condizione esistenziale. Sempre mi sono sentita legata alla bellezza tormentata della terra, al suo continuo fermento, nella cui inquietudine germinativa mi riconosco e mi ritrovo.
Sempre desidero esplorare e conoscere, ma a volte gelate improvvise, alluvioni o siccità stravolgono la mia ricerca febbrile. L'inquietudine mi spinge sempre avanti, insieme a Saturno, il pianeta della Malinconia e della Creatività.

Sono mancina, una mancina irriducibile, che ha dovuto subire, fin dai primi anni dell'età scolare, una serie di condizionamenti, mortificazioni e intimidazioni che però non hanno sortito alcun risultato. Perciò continuo a scrivere fieramente e ostinatamente con la mano sinistra, rivendicando la mia vocazione alla poesia.

Mano Sinistra

Scrivo con la mano sinistra
La mano del diavolo
Anche se me l'hanno vietato
Perché porta disordine

Scrivo con la mano
Che mi ha chiesto
Di scrivere
E nessuno
Sarà in grado di correggermi

Scrivo con l'emisfero destro
Che produce visioni
E non si spaventa delle voci
Degli dei invisibili

Scrivo da mancina
Perché non sono addestrabile
Perché è così che vuole
La mia indole maldestra

Scrivo con la sinistra
Perché sono veggente
Perché sono diversa
Perché la mia natura è questa

Scrivo con il mio spavento e la mia allegria
Anche se mi avete messo la penna
Nella mano destra per la fotografia

Da "Controcanto" Supernova, 2015

Ho vissuto un'infanzia cattolica, gravata dal senso del peccato e della colpa, ho frequentato un collegio di suore. Ricordo la dimensione gotica del terrore instillata dai loro insegnamenti, ma anche momenti di gioco, di spensieratezza, vissuti con il piacere e l'euforia di trasgredire e di ribellarsi a tutti quei dogmi che fin dall'infanzia ci apparivano insostenibili nella loro pesantezza.

Ero affascinata dalla storia delle vite dei santi, dalla dimensione del miracolo e del mistero. Alcuni anni fa, dopo aver ritrovato dei compagni delle elementari che non vedevo da decenni e aver parlato con loro dei nostri ricordi comuni, ho cominciato a scrivere dei random, ricordi casuali e fortuiti che mi affioravano alla memoria legati a quegli anni lontani, ma che via via si facevano strada vivissimi, e manifestandosi in maniera estremamente nitida e definita, chiedevano di venire alla luce.

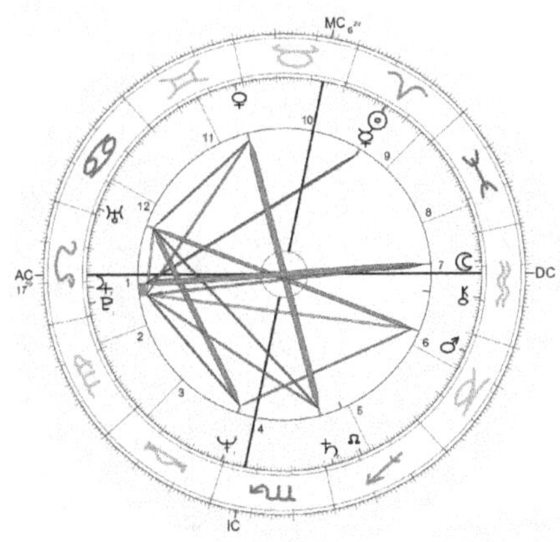

Tema natale

RANDOM 1

La dottoressa illuminata

Sorridente e pragmatica, efficiente e solare nel suo camice immacolato, gli aurei capelli raccolti in uno chignon, ci appariva in netto contrasto col mondo crepuscolare e nictalopico delle monache: era la Dottoressa. La Dottoressa veniva al Collegio Vanzo per vaccinarci, portatrice di sani valori progressisti e sanitari e questo evento costituiva per noi una festa, un'inaspettata vacanza che rompeva la grigia scolastica monotonia, anche perché l'operazione risultava essere del tutto indolore.

La vaccinazione consisteva nell'ingurgitare una zolletta di zucchero sulla quale erano state instillate delle gocce di un liquido rosa-violaceo dal sapore lievemente stomachevole che ci avrebbe protetto dall'insidia della poliomielite. Bastava uno zuccherino solo un pochino nauseante a salvaguardarci, a offrirci la miracolosa opportunità di rimanere illesi?

Benvenuta Dottoressa!

A quei tempi purtroppo si vedevano ancora dei bambini che zoppicavano indossando stivaletti ortopedici: erano le vittime di questo subdolo male che si accaniva con l'infanzia. L'arrivo della Dottoressa costituiva una vera e propria benedizione in quanto, portandoci benessere e salute, spezzava per un attimo le nostre medievali catene. Ella incarnava il Progresso, la Scienza e in aggiunta, era anche la zia di un nostro compagno di scuola. Inoltre, pur essendo una donna emancipata nell'ambito lavorativo, non per questo aveva rinunciato alla vita familiare, infatti aveva un marito e due figli maschi che mi parevano un po' americani, come lei d' altronde. La Dottoressa ci accoglieva sulla soglia dell'improvvisata infermeria con un sorriso affabile e rassicurante, facendoci intuire che tutto si stava svolgendo nel migliore dei modi, che si trovava lì per tutelare la nostra salute e il nostro benessere: grazie a lei saremmo cresciuti sani e forti.

E poi, grazie a Dio, non era una suora.

Tornando alla sua presunta americanità, forse derivava dalla mia idea, peraltro ben radicata nell' Italia post-bellica, che l'America costituisse il baluardo dei diritti umani e civili, tra cui il paradossale e discutibile "diritto alla felicità". La Dottoressa, donna in carriera, ma pia, provvista di apprezzabili doti filantropiche, dedita alla nostra felicità futura, mi pareva non potesse essere altro che americana, perché dotata dell'efficientismo pragmatico dell'America degli Anni Sessanta. Il marito e i figli invece mi sembravano americani dal momento che erano un po' alieni dal contesto.

Il marito era un uomo tristanzuolo e defilato, i figli bruttini e alquanto insipidi (non riuscivo a capacitarmi di questo fatto, dal momento che erano cresciuti sotto le sapienti cure della Dottoressa, che era anche Pediatra) vivevano all'ombra di lei, sempre impeccabile ed ineccepibile. Vedevo deambulare questo archetipo solare anche fuori dal Collegio, in quanto abitava nel mio medesimo quartiere: sorridente, positiva, consapevole, padrona delle circostanze... eppure... eppure la Dottoressa, per quante conoscenze possedesse nell'ambito delle scienze mediche, si ammalò e morì presto, lasciandoci orbati dalla sua presenza e la sua famiglia progressivamente inselvatichì, diventando sempre più straniera. Nessun vaccino aveva potuto preservarla dalla Morte che l'aveva rapita senza farsi incantare, né dai suoi bei modi, né dal suo camice bianco, tantomeno dal suo impeccabile chignon.

RANDOM 2

Signum Diaboli

Quando ancora non si teorizzava più di tanto sulle diverse funzioni e competenze degli emisferi cerebrali destro e sinistro, il lato mancino aveva una valenza unicamente negativa. Sinistro, manco, mancino, erano e continuano a essere aggettivi che definiscono una condizione sfavorevole, contraria e per certi versi disgraziata.

Essere affetti da mancinismo significava essere portatori di un handicap che doveva essere corretto il più presto possibile, anzi, si trattava di un vero e proprio *"signum diaboli"* che macchiava in modo infamante il malcapitato. Bisognava reindirizzare il pargolo affetto da questa tara sulla retta via eliminando questa sua inclinazione diabolica così da garantire il suo inserimento in una società organizzata soltanto per destrimani. Io, andando a scuola dalle Suore Dorotee ed essendo portatrice di questa tara, ero considerata un *"monstrum"* da correggere ad ogni costo.

Mi piaceva moltissimo disegnare ed ero dotata di un certo talento espressivo, eppure i miei disegni, eseguiti con la mano sinistra, non erano per niente apprezzati dalle suore, che li osservavano con imbarazzato raccapriccio, considerandoli opera demoniaca. Ma un giorno oltrepassai il limite e stavano quasi per chiamare l'esorcista. Prima di iniziare le lezioni, le brave suore ci educavano a dare a Cesare quel che è di Cesare e a Dio quel che è di Dio: si cantava l'inno *"Fratelli d'Italia"* e si recitava una preghiera che si apriva con il segno della croce. Io, che ero molto distratta, un giorno, seguendo il mio istinto levogiro, lo feci con la mano sinistra.

Fui subito incenerita dallo sguardo inorridito di Suor Pieralberta che mi ordinò di ripetere il gesto. Io, da reproba inconsapevole e recidiva, continuai a fare il segno della croce con la mano sinistra. Intorno a me si era creato un silenzio agghiacciante: io, sola, in piedi, davanti a tutti, continuavo a compiere quell'atto infame nel disdoro collettivo, senza comprendere la mia colpa.

Le suore, dopo questo increscioso episodio, presero atto della mia indole luciferina e si misero d'impegno per guarirmi. Mi legarono la mano sinistra dietro la schiena e alla sedia, obbligandomi a scrivere e disegnare con la mano destra. Gli esiti furono penosi: tracciavo segni deboli, incongrui, privi di energia. Nonostante ciò fui premiata per i miei patetici sforzi e sotto quelle asticelle rachitiche mi scrissero *Bene".*
Sfogliando le pagine precedenti del quaderno invece, quando il mio sinistro talento era ancora libero di esprimersi, sotto dei disegni fluidi e vivaci, pieni di luce e di energia c'era solo un *"Visto" s*critto in rosso.

"Eh no!" Pensai indignata dentro di me "non ce la faranno a correggermi. La mia forza creativa è tutta nella mia mano sinistra. Sono mancina e sono fiera di esserlo, in barba a tutte le ubbie suoresche. Non sarò mai una pentita e non rinnegherò mai la mia mano sinistra!" Quando tornai a casa raccontai quanto mi era toccato patire e i miei genitori chiesero alle suore di lasciarmi in pace, cosa che per fortuna avvenne.

Così il mio handicap, segno inequivocabile di una natura distorta, continuò a essere tale, in un clima di tolleranza dissenziente.

E non fui neppure arsa viva.

Che fortuna.

RANDOM 3

Un volatile dono

Fin da piccolissima sognavo di avere un animale.

Un piccolo essere, sacro e misterioso con il quale intrattenere un contatto empatico, che mi aprisse la porta per altri mondi di cui intuivo l'esistenza. La mia famiglia non amava gli animali: li considerava in generale un fastidio superfluo, un impegno oneroso e inutile di cui non era il caso sobbarcarsi. Io invece continuavo a sognarli, a disegnarli, a immaginarli. Una mattina accadde il miracolo: mia nonna Anita, tornando dalla messa del mattino, aveva trovato per terra un passerotto caduto dal nido, l'aveva raccolto e me l'aveva portato.

Io ero ancora a letto, appena sveglia, e il trovarmi tra le mani quel dono vivo e palpitante fu per me una gioia inenarrabile. Quella mattina andai all'asilo esultante: portavo con me quel minuscolo uccellino nel berretto di lana azzurra di un mio bambolotto che avevo imbottito d'ovatta per l'occasione. Quando mi trovai tra i miei compagni, tutti mi si assieparono intorno per vedere, per toccare quel piccolo essere impaurito. Io mi sentivo importante per avere in custodia quella piccola vita. Quando giunse l'ora dell'odiato riposino pomeridiano, il passerotto, col suo nido improvvisato, fu messo in aula sopra un armadio da Suor Pier Anna Francesca, una suora dura, spigolosa, acida.

Mentre i miei compagni dormivano, col capo reclinato sul banco, fantasticavo sul futuro di quell' uccellino tenero e implume. Nella mia ingenuità, pensavo che ogni giorno l'avrei portato all'asilo con me, che piano piano sarebbe cresciuto e un po' per volta avrebbe imparato a volare. Il distacco tra noi sarebbe avvenuto in modo graduale: sarebbe arrivata la mamma dell'uccellino che gli avrebbe fatto muovere i primi timidi voli nel cortile del Collegio, ogni giorno, fino a quando, sopraggiunta l'estate, la bestiola, adeguatamente cresciuta, libera e felice, non sarebbe volata via da me, il giorno stesso in cui iniziavano le vacanze estive.

Così fantasticavo, nel buio, traboccante d'amore per quel tenero essere implume. Non avevo però considerato un aspetto fondamentale: per quanto amore potessi provare per lui, questo non gli sarebbe bastato se non gli avessi dato anche il nutrimento che gli era necessario per vivere.

Ancora non sapevo che non c'è amore senza nutrimento.

Finito il riposino, era sopraggiunta l'ora di tornare a casa. Suor Pier Anna Francesca tirò su le persiane, fece entrare nella stanza una luce forte e cruda e mi mise tra le mani, senza tante cerimonie il berrettino di lana azzurra con dentro il passerotto morto stecchito.

«Tieni, è morto». Mi disse.

Gli occhi mi si offuscarono di lacrime sbigottite e mentre tenevo l'uccellino morto tra le mani una mia compagna curiosa e invadente mi si avvicinò e ridendo scioccamente mi chiese:

«Piangi?»

RANDOM 4

Delle medaglie e degli agoni

Negli autorevoli testi dei Padri della Chiesa le qualità del fervente cristiano sono associate a virtù atletiche e guerriere. Valentia, agilità, coraggio e possanza sono necessarie per resistere agli attacchi sferrati dal Maligno.

Le suore Dorotee erano perfettamente allineate con questa radicata tradizione. Pertanto, per plasmare le nostre animule in fieri, facevano appello a delle modalità, che più che all'ambito religioso, appartenevano a quello sportivo-militaresco. Eravamo sollecitati a farci onore, a competere e misurarci, scendendo in campo per fare sfoggio delle nostre virtù. E come ogni bravo atleta o guerriero degno di distinzione, se brillavamo adeguatamente, eravamo premiati con medaglie dorate, grosse come ducati, ornate di nastrini rossi o verdi che erano appuntate sui petti dei valorosi.

Quando un bambino era insignito di un tale riconoscimento non si sentiva più lo stesso: assumeva un atteggiamento dignitoso e distaccato, sconfinante nella vanagloriosa alterigia. Il premiato non si mescolava più ai giochi chiassosi e gregari dei compagni durante la ricreazione nel cortile, del quale misurava lo spazio in attitudine pensierosa, circonfuso da un alone sacrale e leggendario: come ogni eroe che si rispetti egli era SOLO, una figura tragica e romantica. L'apoteosi durava soltanto una settimana, dopo di che la medaglia finiva appuntata a rotazione sul petto di un altro eroe altrettanto degno e quello che precedentemente si era affermato per le sue virtù adamantine tornava nell'ombra, nel novero confuso degli aspiranti a un riconoscimento; solo se si fosse nuovamente distinto per le sue qualità, sarebbe stato ancora locupletato di tale onore. Anche le femmine partecipavano a quest'agone mettendo in luce tutte le loro abilità militar-sportive, come novelle Pentesilee o Atalante.

Qualcuna anche ce la faceva.

In genere si trattava di quelle che erano più portate a emulare la determinazione virile. C'erano degli autentici accaparratori di medaglie che non sopportavano di passare una settimana senza poterne sfoggiare una, o più d'una, al pari dei tronfi generali delle caricature di Baj, mentre altri bambini, dallo spirito anarchico e antimilitarista, avendo in odio ogni regola e paradigma, non ebbero mai tali riconoscimenti. Erano i bambini delle elementari a essere premiati con le medaglie, mentre a quelli che frequentavano l'asilo (non si chiamava ancora scuola materna) erano appuntate delle figurine di angioletti sui candidi grembiuli celestiali.

Anch'io una volta ebbi il mio.

I fatti si svolsero in questo modo: ero rimasta molto impressionata dall'intensa e drammatica lezione di una suora sulla figura dell'Angelo Custode. La suora aveva lungamente insistito sulla presenza invisibile e ineludibile di quest' Angelo guardiano che sta sempre al nostro fianco. Si trattava di una presenza vigile, premurosa, soccorrevole, che non abbassava mai la guardia. Cominciai a preoccuparmi per lui.

Mi domandavo se il poveretto non si stancasse a stare sempre in piedi accanto a me, durante quelle lunghe e noiose ore di scuola, mentre io me ne stavo impunemente seduta . Decisi di fargli posto sulla mia seggiolina, affinché potesse almeno riposarsi un po'.

Per una settimana rimasi rincantucciata in un angolo della sedia, in modo che Lui avesse spazio sufficiente per stare comodo. Rimanevo ferma, immobile, impassibile, in soggezione per la sua Presenza Invisibile, convinta che se avessi fatto chiasso o bruschi movimenti l'avrei infastidito o affaticato. Il mio nuovo comportamento fu subito riconosciuto, apprezzato e perfino premiato: una medaglia-angioletto fu appuntata sul mio grembiulino.

E così, per far posto all' Angelo ero diventata io stessa un Angelo: ero ufficialmente e palesemente *Buona*.

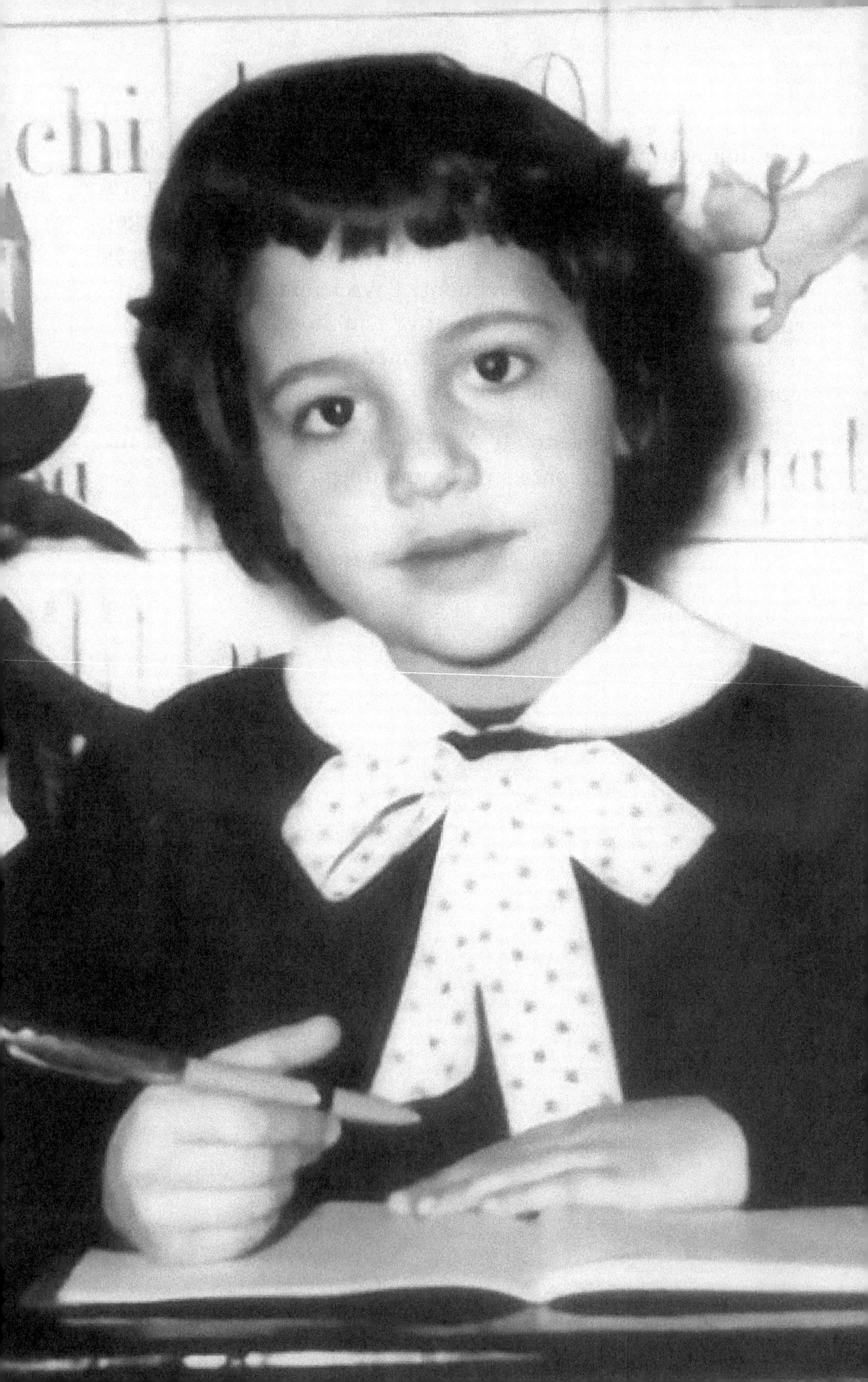

RANDOM 5

Ecce ancilla Terpsichorae

Le suore del Collegio Vanzo ci tenevano a non essere considerate retrograde e oscurantiste, volevano stare al passo coi tempi. Nonostante la proba frugalità del loro stile di vita e l'austerità della loro formazione, si erano convinte che forse, tra le varie arti, la danza non era la più peccaminosa. Permaneva invece una certa diffidenza per il Teatro, tant'è che un giorno, mentre mi trovavo nella portineria del Collegio, interpellata da Suor Sandra (la suora portinaia) sui miei progetti futuri, quando le dissi che da grande avrei voluto fare l'attrice, calò tra noi un gelo misto a sconcerto e disapprovazione.

«Vuoi fare l'attrice? È un lavoro sconveniente!»
Così mi disse, manifestando apertamente il suo dissenso. Del resto, non era passato molto tempo da quando gli attori erano considerati dalla Chiesa esseri demoniaci, prostituiti a innumerevoli identità e che, a causa della loro indole instabile e mutevole, erano consegnati alle fiamme eterne e a una sepoltura in terra sconsacrata.

Comunque, tornando alla danza, le suore reputavano che quest'arte, se esercitata con modestia e sobrietà, potesse essere apprezzabile e degna anche della *paideia* di fanciulle cattoliche. Assoldarono pertanto un'insegnante di danza, attività destinata esclusivamente alle alunne femmine (maschi ballerini non erano contemplati, nonostante precedenti illustri).

Questa nostra insegnante laica era una donna naturalmente di origine francese, alta, occhialuta, senza grazia, scolorita e triste, con una crocchia di capelli color topo issata sul vertice del cranio, che ben rispondeva con i suoi requisiti alle esigenze delle monache. Durante le sue lezioni avremmo dovuto indossare qualcosa che ci permettesse di muoverci agevolmente, ma per carità, niente di futilmente frivolo sul genere tutù di tulle dai colori pastello, ma qualcosa di pratico, moderno e funzionale al tempo stesso.

Le suore optarono per una sorta di casacca nera, rigorosamente spartana, appena al di sopra del ginocchio, corredata da una calzamaglia nera e scarpette da ritmica del medesimo colore. Le nostre mamme si divertirono a confezionarci quelle bizzarre uniformi che alla fin fine non erano neanche poi così male: la mia era in lucido rasatello e aveva dei fiocchi che coronavano gli spacchi ai lati; sul davanti portavo ricamate le mie iniziali. Più che una danzatrice però, mi sembrava di essere un menestrello in lutto delle corti di Provenza o Linguadoca.

Iniziarono le lezioni che si svolgevano alla mattina presto, dalle sette alle otto, prima dell'orario scolastico: subito mi resi conto che ero totalmente priva di talento. Mentre alcune bambine erano molto fiere di esibirsi e si valorizzavano svolgendo gli esercizi con grazia cherubica, io mi mettevo d'impegno per risultare il più goffa possibile: mi muovevo in modo totalmente scoordinato, non avevo nessun orecchio per la musica e mi imboscavo nelle retrovie.

Il culmine della disarmonia lo raggiunsi nell'apprendere una danza che doveva costituire il pezzo forte del saggio conclusivo: si trattava di una danza audace, quasi trasgressiva per l'ambiente in cui era proposta; era una specie di danza dei veli alla Salomè, in cui dovevamo far fluttuare, con movenze serpentine e seduttrici, due veli verdi, muovendo alcuni passi semplici, ma sensuali, al suono di una musica dagli orientali accenti.

Fu una catastrofe annunciata: due braccia, due mani, due gambe, due veli erano troppo per me che non sapevo dove mettere tutta quella roba. Perciò rimasi inchiodata al mio posto, ridacchiando come un'idiota della mia inadeguatezza e dando ogni tanto senza convinzione una sventolata ai veli, per offrire un'illusione di movimento .

Finito il supplizio, pensai bene di congedarmi da quest'arte che non mi aveva dato tante soddisfazioni, ma l'esperienza per tutte le danzatrici finì lì perché l'anno successivo non ci furono più lezioni di danza. Era stata una breve parentesi progressista in un clima da Concilio Vaticano II.

I due veli verdi rimasero per anni riposti in un cassetto in camera mia, ma ogni tanto, quando il mio sguardo si posava inavvertitamente su di loro, subito mi evocavano lussureggianti scenari orientali pieni di flessuose almee e splendide baiadere che facevano oscillare sui loro fianchi corpetti di monete luccicanti e che, con movenze feline, seducevano Erodi depravati impazziti dal desiderio, i quali non esitavano a offrir loro su piatti d'argento la testa di San Giovanni Battista come un grosso ananasso.

"Chissà" pensavo "magari prima o poi me la prendo, una rivincita..."

RANDOM 6

Il miele dell'Agape regina

Quando appariva, sorridente, maestosa e benefica, il suo manifestarsi aveva l'effetto di una miracolosa parousia: anche i bambini più irrequieti si placavano, i più silenziosi e timidi recuperavano la favella, i più malinconici e introversi si rasserenavano, tutto il mondo circostante ritrovava bellezza, equilibrio, armonia. Erano questi gli effetti provocati dalla comparsa della Madre Superiora del Collegio Vanzo, una donna benigna, luminosa, paziente e generosa, proprio come la Terza Virtù Cardinale, la Carità.

Il nome che aveva scelto era un destino: si chiamava Agape, ovvero Amore inteso nel senso più alto del termine. E Madre Agape era davvero una creatura dolcissima, che amava fare apparizioni teatrali nelle classi, ottenendo gioiose ed entusiastiche ovazioni da parte dei suoi piccoli sudditi, noi scolaretti, che le eravamo devoti oltre ogni dire. Ci comprava con poco: a ogni sua apparizione era accompagnata da due suore che reggevano, come fossero generose cornucopie, dei cestini di vimini ricolmi di caramelle Elak.

Queste caramelle venivano distribuite in forma di benedizione sulla folla di bambini riconoscenti, perciò la amavamo incondizionatamente: la sua era una bellezza serafica, regale. Aveva la pelle liscia e luminosa, era sempre serena e sorridente. Madre Agape non parlava e soprattutto non pretendeva di insegnarci nulla mentre ci elargiva copiosamente caramelle e queste sue preziose qualità incontravano la nostra totale approvazione. Ma i miracoli non perdurano nel tempo e ci fulminò la ferale notizia che la nostra amatissima Madre Superiora sarebbe stata trasferita in un altro convento non ben identificato, forse in Piemonte o in Lombardia. Chissà, magari il suo eccesso di generosità nell'elargire caramelle era troppo oneroso e gravava sul bilancio del Collegio, forse questa sua abitudine era stata avversata da alcune suore più pratiche di lei che avevano caldeggiato il suo trasferimento. Comunque fossero andate le cose, Madre Agape per noi era una vera Santa, dalle inarrivabili dolcezze.

Come avremmo fatto senza di lei? Quale sarebbe stato il nostro futuro? La notizia che presto ci avrebbe lasciati scatenò terribili reazioni collettive: intere classi in lacrime, bambini smarriti che si aggiravano con gli occhi sbarrati per i corridoi del Collegio, orbati da cotanta Madre. Il vuoto lasciato dalla Dolce Regale Agape fu presto colmato: arrivò la nuova Madre Superiora, tale Maria Anna Francesca, una donna piccoletta, tonda, arcigna ed energica, senza grilli per la testa, in grado di far funzionare efficacemente il Collegio, ma era tutta un'altra musica.

Se la presenza di Madre Agape ci aveva fatto intravvedere banchetti celesti, immagini divine e dolcezze paradisiache nella promessa di una Carità che tutto offre senza volere nulla in cambio, a Madre Maria Anna Francesca non interessavano per nulla queste frivolezze e smancerie: non ci furono più caramelle, né apparizioni regali.

La nuova Superiora se ne stava nel suo studio e gestiva da lì tutte le faccende in modo pragmatico e concreto, ma il trasferimento di Agape fu una perdita insanabile e irredimibile: insieme a lei avevamo perso la Poesia. Qualche anno dopo, aprendo un libro dimenticato, sentii frusciare qualcosa, come delle elitre dorate che sfarfallando planarono a terra.
Non subito le identificai.

Le raccolsi, le strinsi tra le mani e mi sommerse un'onda struggente di nostalgia: erano due cartine di caramella Elak.

RANDOM 7

Entropici doni dall'aldilà

Il 6 Febbraio era una solenne ricorrenza per il Collegio Vanzo: si celebrava Santa Dorotea, la santa da cui le suore dorotee prendevano il nome.

Se Pandora, pur essendo piena di doni viene ricordata come una femmina stolta che, per la sua dannata *curiositas,* aveva travolto l'umanità, dando la stura ai guai di tutto il mondo, Dorotea invece era un dono divino. Bella e nobile fanciulla cristiana di Cesarea, pietosa e sensibile, fu giustiziata durante la terribile persecuzione di Diocleziano. Prima di morire, seppe elargire un ultimo dono a Teofilo, suo corteggiatore frustrato che la derise mentre saliva sul patibolo gridandole:

«Dorotea, dove stai andando di bello?»

Ella, senza batter ciglio rispose:

«Vado nel Giardino di Cristo, pieno di fiori bellissimi che non sfioriscono mai e di frutti bellissimi ed immarcescibili».

Le rispose sardonicamente Teofilo:

«Dorotea, quando ti troverai colà, mi faresti un piacere ad inviarmi in dono qualche frutto e qualche fiore proveniente da questo Giardino meraviglioso?»

«Sarà fatto», rispose impavidamente la fanciulla.

Infatti, subito dopo essere stata giustiziata, apparve accanto a Teofilo un luminoso fanciullo che gli consegnò un cestello con tre mele freschissime e tre splendide rose dicendogli: «Te le manda Dorotea, da quel giardino meraviglioso che è il Paradiso». A quel punto Teofilo, turbato dal messaggio, decise di convertirsi e fu giustiziato anche lui.

Le suore dorotee, per ricordare quel sanguinoso miracolo ci facevano portare dei cestini pieni di mele rosse nella chiesa del convento, dove si celebrava la Messa in onore della Santa.

Le rose non c'erano in quanto la festa cadeva in febbraio e in inverno era difficile procurarsele. Per noi era una splendida occasione: adornavamo i cestini con cura, infiocchettandoli con sensuali nastri di seta. La chiesa era un rosso tripudio: deponevamo i cestini ai piedi dell'altare mentre il prete chiamato per celebrare la santa ricorrenza li benediva recitando queste parole:

"Salve nobilis puella, rutilans coelestis stella, rogitamus votis bonis, mundanae confusionis ut a malo defendamur pondere, nec teneamur paupertate, te iuvante et a deo procurante. Salve constans, animosa in conspectu, rubens rosa, fac ut salutiferarum plagis poenitentiarum in hac vita feriamur pro peccatis et scindarum, ut hic poenitendo caesi maneamus tunc illesi..."

Erano parole che non capivo, ma che mi affascinavano tantissimo, in particolar modo *"rutilans coelestis stella"*, *"rubens rosa"*, *"maneamus tunc illesi"*, *davvero* mi sembravano formule esoteriche in grado di aprirmi finestre su mondi ineffabili e giardini di delizie...

La cerimonia mi piaceva immensamente, il rosso delle mele e dei paramenti si contrapponeva al tetro grigiore invernale di un febbraio appena iniziato, infondendo speranza. Quando, dopo la benedizione alle mele, storditi dai fumi sprigionati copiosamente dai turiboli, tornavamo a casa, le suore ci raccomandavano di mangiare le mele completamente, bucce e torsolo inclusi, in quanto erano benedette e gli scarti non si dovevano buttare assolutamente via. A me sembravano mele magiche, un po' come quelle di Biancaneve o dell'Eden, lievemente equivoche.

La mia famiglia era religiosa, ma non bigotta, per cui non vedeva la necessità di seguire alla lettera la prescrizione tassativa delle suore e perciò gli scarti che restavano sul piatto venivano buttati nell'immondizia. Frastornata da questi atteggiamenti che contrastavano nettamente con le raccomandazioni delle suore masticavo in religioso silenzio le mie mele, polpose e zuccherine come solo un frutto paradisiaco può essere e al tempo stesso provavo una piacevole ebbrezza nel trasgredire la prescrizione ricevuta... mi sentivo circondata da un aroma terribile e dolcissimo... che più avanti compresi... era odor di sacrilegio...

RANDOM 8

Cioccolatini per il Biafra

L'educazione al sacrificio è elemento fondante di ogni comunità, civile o religiosa che sia. L'individuo, rinunciando ai suoi vantaggi personali per un bene comune, progredisce, e con lui progredisce l'umanità tutta.

Perciò le suore per temprare il nostro carattere e indirizzare la nostra indole verso nobili cause, ci incoraggiavano ad esercitarci in piccole privazioni quotidiane. Ci parlavano spesso dell'Africa, come di un continente sperduto e selvaggio, pullulante di miseria, fame, malattia e devastazione. Per fortuna vi erano degli uomini generosi e disposti al sacrificio: i missionari. Questi, dopo aver ricevuto una chiamata ineludibile, abbandonavano gli agi della Vecchia Europa per calarsi nel cuore di tenebra di questo continente sperduto, guidati da null'altro che dalla loro fede adamantina, per portare la luce del Vangelo alle povere menti ottenebrate di esseri che fino a poco tempo prima erano definiti cannibali.

Esistevano uomini santi e determinati, come Raoul Follereau, che avevano scelto di vivere nelle comunità di lebbrosi, per curarli nel corpo e nello spirito. A scopo educativo e didascalico le suore ci facevano recitare in classe una preghiera coniata dallo stesso Raoul Follereau, di cui ricordo ancora questo macabro passaggio:

"Signore, ricordati di loro
che tendono a te
le mani senza dita,
le braccia senza mani..."

Indubbiamente, in Africa non c'era da stare allegri e, come se non bastasse, oltre alla lebbra, imperversava anche la fame.

Una fame assoluta.

La nostra aula era costellata dalle immagini spaventose dei fantasmi della denutrizione: madri dai seni scarniti e vuoti che tentavano di allattare neonati già divenuti scheletri, dei quali restavano vivi soltanto i grandi occhi sbarrati, bambini col ventre gonfio e teso come un otre poggiato su gambe ossute, uomini e donne senza età che agonizzavano, troppo esausti perfino per morire. Il punto più nero del continente nero, lì dove la fame regnava incontrastata, aveva un nome: si chiamava Biafra. La Repubblica del Biafra ebbe una vita breve come stato secessionista nel sud-est della Nigeria. Esistette dal 30 maggio 1967 al 15 gennaio 1970. Il Capo di Stato Maggiore annunciò formalmente la sua capitolazione il 12 gennaio 1970.

Crescevamo così, circondati dalle immagini terrificanti della popolazione biafrana estenuata dalla fame, sentendoci in colpa per essere nutriti e pasciuti nelle nostre tiepide case. Le suore, per educarci al sacrificio, avevano allestito in classe un altarino dove noi, quotidianamente, dovevamo immolare i frutti delle nostre rinunce che consistevano in caramelle, cioccolatini e dolciumi vari.

Quando il carico delle nostre piccole privazioni fosse divenuto considerevole, le suore l'avrebbero spedito direttamente in Africa, precisamente nel Biafra, proprio da quei bambini affamati e deformi le cui foto ci accompagnavano per tutto il giorno e che, grazie a queste leccornie, avrebbero placato la loro fame.

Io qualche dubbio l'avevo e mi domandavo come i cioccolatini sarebbero potuti arrivare indenni fin lì: era risaputo che l'Africa aveva un clima caldo e il sole che arrostiva anche le pietre avrebbe sicuramente liquefatto i cioccolatini, non appena fossero arrivati a destinazione.

Però mi sembrava ugualmente lodevole esercitare quest'arte della privazione, anche se avevo il sospetto che a mangiarsi tutti i nostri dolcetti invece dei piccoli denutriti sarebbero state le suore.

Un giorno accadde un fatto increscioso: dall'altarino dov'era esposta la nostra mercanzia sacrificale scomparve un cioccolatino. Chi era il reprobo che aveva osato compiere un simile deprecabile gesto? Le suore subito misero tutti alle strette e alla fine, dopo varie sedute inquisitorie, un bambino capitolò, ammettendo di essere stato lui a compiere l'azione infame.

«Perché l'hai fatto?» chiese la suora inquisitrice, la cui voce era affilata e tagliente come una lama.

«Il cioccolatino era mio, l'avevo portato io, me lo sono ripreso e l'ho mangiato», la suora lo guardava impassibile e inflessibile.

«E perché te lo sei mangiato?» Il bambino non sapeva più cosa rispondere, mai avrebbe pensato che la sua colpa fosse così irredimibile, ma ripose ugualmente con noncuranza.

«Perché avevo fame».

«Avevi fame...» replicò acida e sardonica la suora, con profondo disprezzo, ma la vidi un po' in difficoltà.

Nulla poteva davanti a quest' impulso incoercibile che reclamava un'immediata soddisfazione e che se ne sbatteva altamente dell'improbabile viaggio che il cioccolatino avrebbe dovuto compiere verso il continente nero per sollevare e riscattare una popolazione ormai allo stremo.

Forse la suora pensava che da quel momento in poi sarebbe stato meglio evitare di mandare cioccolata in Biafra e dedicarsi piuttosto a perfezionare certi dettagli riguardanti la nostra educazione al sacrificio.

RANDOM 9

Il demone meridiano

"...Non temerai pericolo notturno/né saetta che vola di giorno/ né peste vagante nelle tenebre/né assalto del demone di mezzogiorno..."

(Salmo 90).

La cosa che temevo e aborrivo più di tutte era l'obbligo del riposino pomeridiano. Al Collegio Vanzo le lezioni si protraevano fino alle ore 16, perciò le suore, per cavarsi d'impaccio e neutralizzarci per un po', imponevano agli alunni delle varie classi elementari di dormire.

Tiravano giù le persiane e ci costringevano a sonni accidiosi, con le mani conserte e il capo reclinato sul banco. Per me, refrattaria a ogni tipo di abbandono, questo evento costituiva una vera e propria tortura. Per certi bambini invece questa siesta rappresentava un momento di rigenerazione necessaria e si gettavano a pesce nelle braccia di Morfeo.

In quei momenti, che a me sembravano interminabili, nella penombra sbirciavo di soppiatto (non si poteva alzare la testa né tantomeno dimostrare di non avere sonno) quelle file di dormienti inconsapevoli dalle guance arrossate, stropicciate e le mascelle cascanti, con la bocca aperta da cui saliva un russare profondo e a volte usciva un rivolo di saliva schiumosa. Li trovavo orribili come dei morti in trincea, orribili come delle marionette abbandonate in un magazzino al termine di una rappresentazione ed ero fermamente risoluta a non fare la loro stessa fine. Probabilmente nel mucchio c'era qualcun altro che, come me, simulava di dormire, ma non potevo saperlo, perduta com'ero in quella selva di teste recline. Aleggiava nell'aria un odore rancido, il tipico odore delle aule sovraffollate rimaste chiuse a lungo.

Si soffocava in quell'oscurità.

Allora, per ingannare il tempo, mi dedicavo a sogni lucidi, con la coscienza che il mondo non si era ridotto a quello spazio angusto, consapevole che fuori da quelle mura c'era il sole, c'erano gli alberi, le nuvole, l'aria, la VITA insomma...

Iniziavo così a fantasticare e ben presto mi resi conto che, se strizzavo gli occhi più del dovuto, potevo avere anche delle visioni. Vedevo delle macchie colorate gialle, rosa, verdi, lampone che si allargavano su di uno sfondo nero: ruotavano e fluttuavano, impalpabili e sempre in movimento.

Ma il top della visionarietà lo raggiungevo quando, dopo essere passata attraverso tutte queste fasi intermedie, giungevo al campo di prezzemolo: era un'immagine molto più nitida delle altre, come incisa da un bulino su uno sfondo di rame. Vedevo perfettamente tutte le foglie delle piante, una ad una, ed erano nitide, di un frastagliato verde scuro.

Da lì, sapevo che quello era il trampolino di lancio per entrare in un'altra dimensione: oltre il campo di prezzemolo c'era una porta che io dovevo aprire per uscire all'aria aperta. Me ne andavo così in altri mondi, in altre dimensioni lasciando quel maleodorante dormitorio per luoghi meno angusti.

Altre volte, per scampare alla tortura, chiedevo di andare in bagno e lì bevevo sorsi d'acqua fresca dal rubinetto, m'incantavo a guardare le decalcomanie incollate alle piastrelle, mi attardavo più che potevo pur di non sprofondare nel reame delle tenebre che mi attendeva al di là della porta chiusa. Alla fine, quando la mia protratta evasione non era più giustificabile, mestamente ritornavo nel paese del sonno imposto, sconsolata, immergendomi in una noia infinita. Una sensazione dolciastra, nauseabonda che all'improvviso mi serrava la gola in uno sgomento senza limiti e dalla quale mi sentivo sopraffatta. In quei momenti mi domandavo:

"E se fosse questa la vita? Se la vita fosse come questo riposino pomeridiano, qualcosa che non si vuole e si subisce con docilità rassegnata?

Se la vita non fosse altro che questo torpore nella penombra che devo sopportare e condividere con altri infelici nelle mie stesse condizioni?"

In quei momenti di sconforto e di amarezza forse non mi rendevo conto di essere preda dell'Accidia, dell'*Evagatio Mentis*, perniciosi effetti del Demone Meridiano che tanto aveva devastato i monaci dei primi secoli della cristianità.

E probabilmente neppure le Suore si rendevano conto che quel sonno imposto nelle prime ore del pomeriggio più tardi avrebbe fatto di noi degli inquieti sognatori.

RANDOM 10

Spoetizzamento

Su una pagina del sussidiario delle elementari, che si chiamava marzialmente “Lo Svegliarino” e che aveva in copertina un soldatino armato di tamburo (che rappresentasse il risveglio delle nostre coscienze ancora immerse in uno stato aurorale?) mi soffermavo sempre a fantasticare su una illustrazione che riguardava Garibaldi.

Del resto, il Risorgimento, con tutta la sua ubriacatura patriottica, era finito da poco, neanche cento anni.
L’illustrazione celebrava il fatidico incontro di Teano, in cui l’Eroe dei Due Mondi, biondo e glaucopide, in camicia rossa e poncho sudamericano che gli donava un’aria furfantesca, ritto sul suo cavallo bianco, dava la mano a un baffuto Vittorio Emanuele II, (che non ebbe mai il coraggio di chiamarsi I), in elmo e uniforme.

Sotto le due figure epocali, c’era una didascalia che riportava la storica frase che dicono fosse stata pronunciata dal generoso avventuriero, in occasione di quell'incontro, divenuto una pietra miliare nella storia del nostro paese: “Saluto il Re d'Italia!”

L’enfasi risorgimentale e patriottica non era ancora del tutto sbollita a cent’anni dalla nascita della nostra nazione e io, come tutti, ero follemente innamorata di Garibaldi.

Vedevo in lui l’eroe generoso e coraggioso, che dopo aver combattuto per realizzare un sogno per il quale molti erano dovuti soccombere, aveva saputo farsi da parte e lasciare a un altro l’onore e la gloria.

La sua grandezza stava appunto in quell’umiltà senza pretese e in quella sua camicia rossa, rossa come il colore del sangue, dell'amore, della carità con cui aveva combattuto, senza pretendere nulla in cambio. Garibaldi, con le sue lunghe chiome scomposte era decisamente più interessante di tutti gli altri uomini del Risorgimento, coi loro pletorici favoriti, gli occhialini con la montatura d'oro, l'orologio nel panciotto, statisti, economisti, letterati, filosofi, menti fredde e pragmatiche, pedanti e senza vita, lui sì che incarnava appieno l'Archetipo dell'Eroe.

Il suo carisma, la sua audacia, la sua aria malandrina, da irregolare, mi facevano sognare impeti e assalti e mi rattristavo fin quasi alle lacrime pensando al triste destino che era toccato alla sua Anita, epica e amata compagna, presso le valli di Comacchio, dove era perita, consumata dalle febbri malariche, come in una palude Stigia.

Mi sembrava che un eroe di quel calibro non ci sarebbe stato né prima né dopo di lui, avrei voluto essergli figlia, sorella, compagna, per poter assorbire un po' della sua grandezza e della sua luce. E continuai a vagheggiarlo così fino a quando un giorno, in un museo del Risorgimento, non ricordo più dove, mi capitò di vedere in una bacheca di vetro, conservata come una santa reliquia, la camicia rossa che gli era appartenuta. La camicia, per altro ben conservata, risultava essere di dimensioni extra small, più adatta a un nano o a un lillipuziano che non all'eroe biondo e impavido che vagheggiavo da sempre.

Mi spoetizzai di colpo e da quel momento smisi di amarlo e di amare gli eroi in generale e compresi che la storia tende sempre a gonfiare, mitizzare, trasfigurare i suoi personaggi. In realtà, Garibaldi, anche se aveva compiuto memorabili imprese ed era celebrato in tutti i libri a imperitura memoria dei posteri, in fondo, era un nano, o, se non proprio un nano, sicuramente un uomo di bassa statura.

RANDOM 11

Vajont

Era una grigia mattina di ottobre, quella in cui Suor Pieralberta ci comunicò l'accaduto: la terribile catastrofe del Vajont. Tutta nera, davanti alla nera lavagna, alla fioca luce di un giorno ancora indeciso, la nostra maestra tracciò col gesso il disegno che spiegava la dinamica dell'incidente. Un grosso pezzo di roccia si era staccato dal monte Toc ed era caduto all'interno di un bacino artificiale, facendone tracimare le acque che, in un'onda di fango infernale, avevano sommerso un intero paese, Longarone, trascinando via con sé persone, animali, case, alberi.

Un mare nero aveva sepolto, cancellato ogni cosa.

Compresi così il significato della parola "catastrofe": un evento sciagurato, terribile e irreversibile che coinvolgeva un'intera comunità, contro il quale era impossibile opporre resistenza. Provai paura e pietà per quelle persone annientate, strappate bruscamente alle loro abitudini, alle loro vite, senza aver avuto il tempo di comprendere quanto stava accadendo. Quell'immane tragedia aveva cancellato tutto.

Da quel giorno cominciai ad avere paura, a pensare che anche a me potesse accadere qualcosa di simile, di devastante, irreparabile, ineluttabile. Per l'angoscia non dormivo la notte, aspettavo sempre un qualche cataclisma. Iniziai ad avere strane paure: quando sentivo passare gli aerei in cielo, temevo potessero precipitare sul tetto della mia casa e correvo a rifugiarmi sotto gli stipiti delle porte, secondo una logica un po' discutibile e confusa, derivata da un discorso che avevo sentito fare dagli adulti: quando la terra trema è opportuno ripararsi da eventuali crolli rifugiandosi sotto gli stipiti delle porte. In questo caso l'ipotetico pericolo veniva dall'aria, non dalla terra, ma io cercavo ugualmente di tutelarmi a quel modo. Iniziai a compiere gesti scaramantici e apotropaici: contavo gli scalini, saltavo le righe, toccavo ferro per proteggermi dai pericoli oscuri e imprevisti che si aggiravano per il mondo e che da un momento all'altro avrebbero potuto travolgermi.

Cominciai a coltivare la mia ansia, la mia angoscia, la mia immaginazione. Sotto la spinta di queste ossessioni apocalittiche scrissi una delle mie prime poesie:

"Il vento sibilava sulle nevi,
la grandine batteva sulle case,
in cimitero i morti battevan i denti,
solo urli, solo stragi.
La fine del mondo era vicina,
mentre il gatto piangeva in cucina."

Fu così che imparai ad avere paura.

RANDOM 12

Le raccoglitrici di camomilla

Suor Emerenziana era ruvida, coriacea, arcigna, selvatica, col volto brunastro abbronzato dalle lunghe esposizioni al sole: era la suora giardiniera. Il suo nome e il suo aspetto mi facevano venire in mente le melanzane.

Suor Melanzana, la chiamavo dentro di me. Indossava un grembiule grigiastro, portava ai piedi delle scarpacce rinforzate da una punta di ferro e aveva delle tendenze schiaviste. Costringeva le alunne, specie quelle interne, a raccogliere la camomilla selvatica che cresceva in un giardinetto inselvatichito che aveva anche la funzione di orto. La camomilla, dopo essere stata essiccata a dovere, sarebbe stata usata per infusi e decotti.

Le alunne interne, quelle che vivevano in collegio durante tutto il periodo scolastico, indossavano una particolare divisa, costituita da un grembiule rosa con righine viola e azzurre e, per superare il disagio della loro triste condizione di bambine recluse, vivevano strenue alleanze e intimi sodalizi, spesso intessuti di un'affettività un po' ambigua, o almeno così si sussurrava. Dunque, Suor Emerenziana, nei pomeriggi assolati di primavere inoltrate, portava le alunne interne a raccogliere camomilla in questa specie di orto-giardino e, se queste non erano sufficientemente sollecite nello svolgere la mansione richiesta, a volte le prendeva a calci.

Ricordo di aver compreso in questa circostanza come dovevano sentirsi gli schiavi neri mentre raccoglievano il cotone nelle piantagioni degli stati americani del Sud e di come la loro rabbia repressa aveva potuto trasformarsi nel Blues.

Lo spirito di rivolta serpeggiava nelle file delle povere alunne interne così barbaramente sfruttate. E fu lì, durante la raccolta di camomilla che si verificò un fatto inquietante.

C'era una bella bambina piccola e bionda, dai grandi occhi azzurri spalancati che era un po' la beniamina delle interne più grandi: la coccolavano e la vezzeggiavano per la sua dolcezza e fragilità.

Si chiamava Cristina.

Mentre un gruppo d'interne si trovava a raccogliere camomilla nell'orto, una ragazza che l'aveva vista arrivare, con un moto subitaneo di entusiasmo si alzò abbandonando il duro lavoro e le corse incontro chiamandola: «Cristo!»

Suor Emerenziana la fulminò con lo sguardo: era una donna incolta, priva di dialettica e di ossatura teologica, ma fu certa in quel momento di trovarsi di fronte a una reproba che, oltre ad essere lavativa, si stava macchiando dell'orribile peccato di blasfemia.

«Non chiamarla così!» Le gridò inviperita, assestandole un sonoro ceffone.

Io, che assistevo muta e attonita a quella scena violenta, in quel momento compresi che, per la religione ufficiale, Cristo non avrebbe mai potuto essere una donna, né tantomeno una bambina.

Peccato.

RANDOM 13

Marcellino pane e vino

Le suore spesso ci ammannivano film dalle finalità educative che dovevano fortificare il nostro spirito e temprare le nostre anime: la vita di Padre Damiano che andava a curare i lebbrosi in Africa e che, dopo essere stato contagiato da loro, moriva devastato dalla malattia, ma il cui corpo, dopo la morte, miracolosamente ritornava integro.

Oppure la storia strappalacrime di Mari Sol, una bambina spagnola figlia di un conte morto in un incidente che si era sposato contro il volere del padre. Quando il nonno conoscerà Mari Sol rimarrà conquistato dalla sua grazia. Di questo film ho un ricordo confuso, ho in mente solo la scena di una bambina bionda bellissima in mezzo a una foresta di pini.

Poi c'era la triste vicenda di Miguelito, un bambino che moriva dilaniato dalle bombe della Guerra Civile Spagnola, ma che prima di morire, siccome era un po' mascalzoncello, ne combinava di tutti i colori. Ricordo l'episodio in cui aveva mangiato, contravvenendo alla prescrizione del digiuno, dei dolcetti preparati per il rinfresco di festeggiamento per la sua Prima Comunione. La madre, disperata dopo aver scoperto il misfatto, lo portava dal parroco, sperando che trovasse una soluzione al dramma incombente, ma il prete, che era di stretta osservanza, gli negava di accedere al Santissimo Sacramento. E così, al povero Miguelito, frustrato e reietto, non restava altro che osservare gli altri bambini fare la Prima Comunione, letizia a lui negata.

Poi c'era il film "Marcellino Pane e Vino", la storia di un trovatello abbandonato neonato sulla soglia di un convento, accolto e allevato dai frati con letizia e imperizia; era un bambino buono, allegro, solare, la delizia del convento, ma era morto in tenera età.

La visione di questi film avveniva nel refettorio: si tiravano giù le tapparelle e al buio, stipati come sardine, si stava seduti su delle panchette scomodissime. Le pellicole erano molto danneggiate e spesso la proiezione s'interrompeva: non ricordo chi fosse la suora cineasta preposta a queste tecnologiche funzioni, ma certo sapeva osare.

Un giorno ci fu un fuori programma: da una delle ultime file qualche rivoltoso aveva lanciato una bombetta puzzolente sul pubblico e perciò la proiezione fu interrotta: ricordo scene di devastazione, bambine schifate che premevano sul naso fazzoletti di tela (a quel tempo non si usavano i kleenex) e che si aggiravano tra i vapori mefitici come in una scena da "The day after" e maschietti debolucci semisvenuti rianimati con acqua fredda sulle tempie dalle provvide suore.

Da quel giorno la nostra *paideìa* cinematografica fu meno assidua.

RANDOM 14

Nel cortile

Il Cortile era grande, o almeno così ci pareva nella nostra percezione infantile dello spazio: ghiaioso, polveroso, con qua e là degli alberi sparuti. La soddisfazione più grande era, nelle brevi giornate soleggiate d'inverno, fare la ricreazione all'aperto senza cappotto.

Nessuno ci rincorreva dicendo: «Mettiti la sciarpa, il berretto, abbottonati, che fa freddo!» E così correvamo nel gelo, felici di questa inusuale libertà.

Immancabilmente, alla fine della giornata arrivavano la tosse, il raffreddore, l'influenza e questa era una delle ragioni per cui mi ammalavo così spesso alle elementari, ma non avrei rinunciato per nulla al mondo a questa sana abitudine che reputavo mi temprasse nel corpo e nello spirito.

In fondo al cortile stava il Giardino, dietro una fila di alberi di gelso che in primavera diventavano per le femmine un territorio allettante di caccia alle coccinelle. Le catturavano e le tenevano dentro le scatole vuote dei fiammiferi.

Era un giardinetto molto curato, quasi lezioso nella sua erbetta a prato inglese, attraversato da dei viottoli di sassolini bianchi e c'era un salice piangente che già verso la fine di febbraio metteva le prime foglie, dei cespugli di forsizia che a marzo esplodevano in un giallo splendore e una vasca vuota di mosaico azzurro per pesci rossi che non c'erano mai.

Ai suoi margini, orientata verso il Cortile, si ergeva una statua bronzea della Madonna, sul modello di quella di Lourdes che allargava le braccia, in segno di protezione.

Era buon uso, prima di iniziare la ricreazione, attraversare il Cortile di corsa e fermarci sulla soglia del Giardino, per rivolgerle una breve preghiera. Poi, compiuta questa devozione, potevamo, in tutta tranquillità, dedicarci a torturare, vessare, indispettire chi era più debole e fragile di noi e su cui si poteva avere facilmente qualche rivalsa. Come si sa, l'infanzia ha dei risvolti cattivi e in genere i bambini amano infierire su chi è più vulnerabile. Anch'io avevo questa tendenza infame.

Le mie vittime preferite erano Carmelina e Carlo.

Carmelina era una bambina dolce e minuta, solare e mediterranea, giunta dalla Sicilia al tetro e nebbioso Veneto asburgico perché suo padre, un militare, era stato trasferito. Non si rassegnava a vivere in quest'ambiente ostile: quando apriva il sussidiario, baciava sempre con trasporto e nostalgia la pagina che rappresentava la sua amatissima Sicilia, che mi descriveva come un luogo paradisiaco, una specie di Giardino dell'Eden, lussureggiante di aranci e limoni. Io mi sentivo infastidita da questo suo *pathos* verso un Altrove che mi era sconosciuto e perciò, per pura perversità, le dicevo che la sua terra faceva schifo, che il Veneto era molto più bello. Ogni tanto anche la ingiuriavo dicendole: «Mandarino marcio». Lei sorrideva, senza dire niente e apparentemente non se la prendeva più di tanto, ma ancor oggi, a distanza di tantissimi anni, mi brucia averle detto quelle cose gratuite e cattive.

Carlo invece l'avevo preso di mira in quanto, essendo cagionevole di salute, era uno dei pochi bambini che faceva ricreazione in cortile incappottato, bardato di una sciarpa che lo avvolgeva fino al naso e di un berretto di lana con pon-pon.

Per questo motivo lo trovavo grottesco, una specie di Giacomo Leopardi, uno sfigato integrale insomma e perciò mi divertivo a tirargli la sciarpa, a strappargli il berretto e a nasconderglielo, affinché prendesse freddo e si ammalasse. Lui non reagiva più di tanto: stava tutto cupo, ingobbito su se stesso, infreddolito come un passerotto caduto dal nido, mentre io, spensieratamente e gaiamente, infierivo su di lui.

Parecchi anni dopo lo rincontrai: si era iscritto al Partito Radicale, era allegro, disinvolto, aperto e comunicativo e non mi serbava il minimo rancore.

Tutto questo mi fece sentire ancora più in colpa.

Il Cortile era quadrato, mentre il Giardino era rettangolare: questi due luoghi rappresentavano per me due diverse visioni del mondo. Il Cortile era un universo caotico, avventuroso, epico, picaresco, mentre il Giardino costituiva un mondo stilizzato, sacro e inviolabile.

Le due dimensioni si fronteggiavano, confinavano, ma non si confondevano mai e fu qui che si formò la mia prima percezione dello spazio e dello spirito dei luoghi.

RANDOM 15

La sorella di Zorro

Deperita da molteplici influenze, a Carnevale mi toccava far la fata anche se non era il mio genere: rassegnata, mestamente e goffamente indossavo un abito azzurro con delle stelle argentate, brandendo in una mano una bacchetta magica improbabile. Sulla testa portavo un cappello a cono dello stesso colore che mi stava un po' sghembo, su cui erano disegnate stelle e pianeti di porporina.

L'azzurro non mi donava: il mio incarnato era giallastro, smunto a causa delle tonsille perennemente infiammate che i medici minacciavano sempre di togliermi e che poi non mi tolsero, graziandomi inaspettatamente. Del resto, a quei tempi la tonsillectomia per i bambini era una prassi, come oggi lo è sterilizzare i gatti.

Tra l'altro, le mie chiome lasciavano molto a desiderare, in quanto ero periodicamente tosata dal barbiere di mio padre che aveva il negozio in Piazzale Esedra. Mia madre reputava che fosse superfluo darmi un aspetto più civettuolo, considerava le cure estetiche una vanità: per lei non era necessario che le bambine fossero carine, era più pratico e igienico per me avere i capelli corti. L'unica consolazione era che quando andavo a tagliarmi i capelli nel negozio di questo barbiere, mi issavano su di un sedile destinato ai bambini, sul quale era incorporata la testa finta di un cavallino, per cui quando mi ci trovavo sopra, mi sembrava di cavalcare nel remoto Far West.

Questa sensazione di libertà mi rendeva felice per un po' almeno fino a quando non mi guardavo allo specchio e mi ritrovavo con un taglio spartano a scodella. Essere una fata a Carnevale non mi gratificava per niente: avrei preferito essere qualcos'altro, che adombrasse meglio il mio io demoniaco. Mi sarebbe piaciuto essere una strega, oppure una zingara. Mi affascinava il lato selvaggio, oscuro di questi personaggi, il loro aspetto magico, inafferrabile, occulto. Sì, avrei voluto essere una zingara dagli orecchini tintinnanti, dalle collane luccicanti di monete d'argento, le vesti ondeggianti e iridescenti, lo scialle le cui frange guizzavano come innumerevoli serpenti mentre danzavo al suono di una selvaggia melodia davanti a un falò acceso sotto la luna piena.

Oppure avrei voluto essere una strega, una fattucchiera tenebrosa e sapiente nelle varie arti magiche, dalle unghie affilate come artigli, capace di fare filtri d'amore e sortilegi, amante dei pipistrelli e dei gatti neri, crudele e potente. Non mi piacevano le zuccherose fate delle fiabe a lieto fine: quelle dolciastre fatine vestite di colori pastello che aiutavano povere Cenerentole a ritrovare il loro principe o le belle addormentate a risvegliarsi dai loro sonni profondi. No, le fate buone non esercitavano alcun fascino su di me. Oppure, in alternativa, mi sarebbe piaciuto essere una "caballera", una pistolera, una sorta di Calamity Jane per lanciarmi in una serie di avventure poco femminee: cavalcare in sterminate praterie, vivere situazioni di rischio, di pericolo e sapermi trarre d'impaccio grazie alla mia agilità e presenza di spirito.

Per un periodo decisi di essere così.

Mi inventai un personaggio, una sorta di mio alter ego: ero la sorella di Zorro. Avevo visto una serie televisiva su Zorro, che era interpretato da Tyron Power e mi piaceva moltissimo lo sdoppiamento del personaggio che nella realtà ordinaria era Don Diego, un giovane di buona famiglia un po' zuzzerellone e perdigiorno, mentre, quando l'emergenza lo richiedeva, si trasformava in Zorro, la Volpe, l'intrepido cavaliere nerovestito e mascherato.

Sì, avrei voluto anch'io essere così.

Nei momenti in cui diventavo la sorella di Zorro, indossavo una sottogonna a balze di seta di mia nonna, sulla quale mia mamma aveva cucito una rosa rossa, degli stivali neri, una mascherina nera e mi cacciavo in testa il cappello di mio padre. Così conciata, sentivo mutare anche la mia essenza, la mia personalità, mi sentivo stranamente grintosa, combattiva, misteriosa e invincibile.

In quelle condizioni giravo per casa, immaginandomi al centro di vicende complesse e movimentate in cui brillavo sempre per il mio indomito coraggio. Un giorno, mentre giocavo in cortile vestendo panni ordinari, insieme a un bambino un po' più grande di me che abitava nel mio stesso condominio, ebbi la malaugurata idea di dirgli: «Tu non sai chi sono veramente, ma te lo rivelerò se ti affaccerai alle due di pomeriggio dal tuo terrazzo nella parte interna del cortile». Poco prima dell'ora prestabilita, mi vestii di tutto punto, calcandomi in testa il cappello di mio padre, e, circospetta, scesi in cortile, attenta a non farmi intercettare da nessuno.

Il bambino era sul balcone che mi aspettava.

«Ecco! Adesso sai chi sono!» Gli gridai con aria di trionfo.

Ma non feci tempo a finire di rivelarmi che lui scoppiò a ridere: una risata fragorosa, irrefrenabile che piovve su di me infondendomi un senso di sconcerto e di frustrazione. Me ne andai via subito, indispettita da tutta quell'ilarità e compresi in quel momento che è meglio mantenere il segreto su se stessi e non rivelarsi mai del tutto. Eppure, dovevo avergli fatto una certa impressione, poiché qualche anno dopo mi scrisse una lettera d'amore a cui non risposi mai.

RANDOM 16

Fateli entrare

La recita di fine anno al collegio Vanzo costituiva un evento imperdibile. Il caldo, l'esuberanza delle giornate di giugno ci rendevano tutti più liberi, meno formali, più artistici. Io quell'anno dovevo impersonare la Regina Madre, davanti alla quale si sarebbero presentati tre splendidi cavalieri per chiedere in sposa le sue tre figlie.

Ricordo l'ansia e l'eccitazione dei preparativi dietro le quinte. Un bambino vestito da paggio era scoppiato a piangere perché, dopo essere stato costretto dalle suore a mettersi un rossetto carminio sulle labbra, aveva cominciato ad avere dubbi sulla sua identità sessuale. Io indossavo un abito di raso bianco e mi sentivo molto, molto regale.

La mia presenza doveva essere solo rappresentativa e perciò avrei dovuto pronunciare appena una frase. Quando mi trovai sulla scena, assisa sul trono, davanti a tutta quella folla che assisteva alla recita, cominciò a girarmi la testa, mi sentivo presa in un vortice di terrore e di euforia. Quando entrò il messaggero ad annunciarmi l'arrivo dei tre cavalieri che mi chiedevano udienza pronunciai la mia unica battuta: «Fateli entrare!» Timidamente e sommessamente. «Voce! Voce!» Gridò il pubblico esigente ed indispettito.

In quel momento compresi che la regalità, per essere rappresentata, richiede l'autorità e l'assertività, doti di cui ero del tutto sprovvista.

RANDOM 17

Lezioni di canto

Suor Cecilia era probabilmente di origini aristocratiche e come tale, in convento non doveva affaticarsi con prosaiche opere manuali, ma al massimo, se *nomen est omen*, doveva realizzare il suo destino: essere musicista. La lezione di musica si svolgeva in una stanza stranamente frivola e intima, in dissonanza con l'austero tenore del convento, al punto da sembrare un *boudoir*: si trattava di una sorta di salottino con soprammobili, cuscini, tende e tovaglie di pizzo.

In un angolo, troneggiava, nero e superbo, un pianoforte.

Suor Cecilia non parlava quasi mai: muoveva le lunghe mani affusolate, simili a ragni di cera gialla, sulla tastiera, perduta nelle sue fantasticherie iperuraniche. Al suono della sua musica, noi dovevamo cantare canzoni scioccamente puerili. Di una in particolare ricordo una strofa "*...ed il gatto, quatto quatto, disse al topo...*" (non sapevo cosa volesse dire "*quatto*", per questo mi è rimasta impressa). In quell'ambiente così dissonante rispetto al resto del convento, ci sentivamo in soggezione e perciò seguivamo alla lettera le sue direttive, cantando canzoni insulse.

Io da subito fui bollata come stonata per cui, mi disse gentilmente Suor Cecilia, dovevo stare zitta, fare solo finta di cantare, muovendo la bocca, come un cherubino muto. Quando le suore magnificavano le proprietà del canto, sostenendo che si tratta di una doppia preghiera perché chi canta glorifica Dio due volte io, nella mia ingenuità chiesi:

«E chi è stonato?»

Un lieve imbarazzo colorò le guance smunte di Suor Pieralberta, la nostra maestra, che, dopo aver riflettuto un po' mi rispose:

«E quello stonato prega tre volte, perché consacra a Dio la sua sofferenza per non saper cantare».

Mi sentii tranquillizzata.

Se non avevo un futuro come cantante, almeno avevo una via aperta verso la santità.

RANDOM 18

La confraternita dei sassolini nelle scarpe

L'educazione cattolica insisteva particolarmente sul valore dell'espiazione. Tutti, per un motivo o per un altro eravamo colpevoli e pertanto era necessario che le nostre colpe fossero mondate da riti di purificazione.

A me affascinavano le storie dei santi che martoriavano le loro carni con cilici pieni di chiodi, sottoponendo il loro corpo a sofferenze inaudite che consacravano a Dio. Presa da profonda ammirazione nei loro confronti, desideravo imitarli in qualche modo. Mi venne un'idea: in cortile cominciai a raccogliere dei sassolini che mi mettevo dentro le scarpe e tenevo per una settimana. Il senso di fastidio e di disagio che ne derivava mi avrebbe santificato e temprato.

Nei primi tempi tenni il mio segreto per me e grande era la soddisfazione quando, ogni domenica scendevo in cortile a scegliere sassolini sempre più appuntiti e fastidiosi, in un esercizio continuo verso la perfezione. Un giorno però, non resistetti e raccontai di questa mia pratica a un gruppo di compagne, che stranamente, fu entusiasta di questa mia idea e volle imitarmi. Fondammo così la Confraternita dei sassolini nelle scarpe ed eravamo fiere di purificare le nostre anime con quella pena.

Solerti, raccoglievamo sassi e ci confrontavamo sulla loro forma optando per quelli che avrebbero dovuto procurarci il maggior disagio possibile, ma tutto questo doveva restare un segreto, non doveva trapelare in alcun modo: solo così il nostro sacrificio avrebbe avuto valore. Ma come sempre accade, anche nelle società segrete c'è sempre un traditore che non è in grado di mantenere il silenzio. Una delle bambine della

Confraternita raccontò delle nostre pratiche a sua sorella maggiore, che totalmente priva di ascetismo e piena di buon senso, le vietò assolutamente di continuare con questo assurdo gioco di espiazione.

Venne a parlarci, dicendo che quello che facevamo non andava bene, che la mia era stata una pessima idea e per quanto la riguardava sua sorella non avrebbe più fatto una cosa del genere. Intimidite, anche le altre bambine si sentirono demotivate a continuare nel fare questa penitenza e la Confraternita si sciolse.

Per un po' continuai da sola a praticare questi esercizi di riparazione, ma alla fine fui costretta dalle circostanze a interromperli: era sopraggiunta l'estate e con i sandali non era più possibile perseverare in questi riti espiatori.

Random 19

Scollamenti psichici

Spesso mi sentivo diversa, una sorta di aliena caduta sulla terra e incapace di adattamento. Mi pervadevano strane percezioni che mi allontanavano dal senso comune del vivere. All'improvviso, mentre giocavo nel cortile insieme con altri bambini, m'invadeva un senso di totale estraneità, mi sentivo separata da loro, fuori dallo spazio e dal tempo, incapace di ogni forma d'interazione.

Provavo una sensazione di scollamento dal mondo, dalle cose e per quanto tentassi in ogni modo di rientrare in me stessa, non mi era possibile. Mi sommergeva allora un senso di paura, un'onda luttuosa di sgomento e mi sentivo perduta in uno spazio infinito, immersa in un'oscurità da cui non mi era possibile riemergere: sentivo rimbombare le voci degli altri come un'eco, completamente prive di senso e tutto mi giungeva offuscato, da lontano e al tempo stesso dolorosamente vivido.

Questa sensazione destrutturante poteva durare anche alcune ore. Continuavo a fingere di essere presente, compivo le medesime azioni, ma dentro ero paralizzata dal terrore e mi sentivo completamente separata dal mondo, dai miei simili.
Ricordo che una volta in questa condizione mi ero trovata a tavola a cena con la mia famiglia e mi pareva di essere lontanissima da loro e di non averli mai conosciuti: la tavola si era allungata all'infinito e io mi sentivo piccolissima, sgomenta, schiacciata da uno spazio estraniante che mi era ostile, totalmente incapace di interagire: in realtà continuavo a mangiare come se niente fosse e nessuno dei miei familiari si era accorto del mio stato d'animo.

In quei momenti spazio e tempo si annullavano e io rimanevo sospesa nel vuoto, nell'assoluta, inerme e spaventosa solitudine dell'umano, incapace di comunicare questa sensazione di irrealtà che mi divorava tutta.

***

Potrei far affiorare centinaia di altri ricordi di questo genere che come origami si dispiegherebbero in tutte le loro sfaccettature e complessità, perché hanno costituito un *imprinting* ineludibile per il mio immaginario e per la mia sensibilità. Nei miei primi anni di vita imparavo a cogliere le incongruenze insite in un'educazione cattolica, improntata sul senso di colpa e del castigo, sulla penitenza e sull'ipocrisia. In seguito, ho impiegato anni per liberarmi da questo retaggio e dall'idea ricorrente di dover espiare una colpa, senza sapere bene quale.

Eppure, questo *background* ha alimentato la mia fantasia, mi ha insegnato a resistere davanti a idee che consideravo assurde e alle quali non volevo assolutamente piegarmi.

In fondo, fin da bambina, non ero docile e sono sempre stata recalcitrante davanti alle imposizioni e alla mancanza di libertà di pensiero.

Quanta strada avevo ancora da percorrere!

Il nome e le matriarche

"Mentre lavoravo al mio albero genealogico, ho capito la strana comunità di destino che mi collega ai miei avi. Ho fortemente il sentimento di essere sotto l'influenza di cose o di problemi che furono lasciati incompiuti o senza risposta dai miei genitori, dai miei nonni e dai miei antenati.
Mi sembra che spesso ci sia in una famiglia un karma impersonale che si trasmette dai genitori ai figli. Ho sempre pensato che anch'io dovevo rispondere a delle domande che il destino aveva già posto ai miei antenati e alle quali non si era riuscito a trovare nessuna risposta, o anche che dovevo risolvere o semplicemente continuare a occuparmi di problemi che le epoche anteriori lasciarono in sospeso."

C.G.Jung "Sogni, ricordi, riflessioni"

Più passa il tempo, più apprezzo l'immenso patrimonio che mi deriva dal mio nome. Il nome è già in se stesso un'importante eredità, ci offre un grande lavoro da compiere che è implicito nel suo significato ed è un mandato che segna profondamente il destino di ognuno, è l'invito a realizzarne il progetto nel corso della nostra vita.

Lavorare sul proprio nome permette di accedere a una diversa consapevolezza riguardo la nostra funzione e il nostro spazio nel mondo. Importante nel corso di questa ricerca è acquisire coscienza di sé. Questo riconoscimento è fondamentale: quando sappiamo chi siamo non abbiamo più bisogno di parlare di noi, di concentrarci sui nostri bisogni e necessità; avendo già interiorizzato tutto questo, possiamo dedicarci all'Opera, consapevoli del nostro ruolo e della nostra funzione.

Spesso nel nome si nascondono ricatti o desideri altrui, o il peso del vissuto di nostri antenati che portavano il nostro stesso nome. Per liberarci da tutto questo dobbiamo far fiorire il nostro nome, disvelandone l'energia, la bellezza e la forza.

La creazione del nostro destino inizia nel momento in cui cominciamo a lavorare sul suo significato. Dopo aver riconosciuto e accolto la nostra identità possiamo liberarci definitivamente dal nostro senso d'importanza personale e mettere in gioco le nostre risorse.

Esprimere attraverso il proprio nome qualità che appartengono alla nostra più intima essenza costituisce l'inizio di un viaggio profondo verso la consapevolezza.

LUCIA

Prima:
LUciferino LUminoso sguardo
presso gli eoni avvolto nel mistero
increato potere di speranza
Poi:
Cavalcando le CIrcostanze
Crocifissa agli eventi
CIrcuita dal Caso
CIrco CIArlatanesco
Cattura Colossale
il mio nome sempre negato
dal reiterato lapsus materno
si Confondeva oscuramente Con altri,
non era mai il mio vero,
diventava un CIlicio da indossare.
Ma d'un tratto repentina

scaturiva una magIA
incendiando la cometa di ghIAccio,
il suo splendore IAlino
attraversava le IArde del tempo
sulle ali di un'antica nostalgIA:
ed ecco scaturire la promessa
del mio nome,
lampada sempre accesa,
fiamma inesausta e ardente,
freccia viva di desiderio:
LUCIA

Da "Confini" Editoria Universitaria, 2005

Ho elaborato il significato del mio nome anche attraverso i modi diversi in cui l'ho percepito nel corso del tempo, a volte come un peso, o come un mancato riconoscimento, altre volte come un augurio, un oracolo che mi richiedeva di esprimerne la sua natura più autentica: lavorare sul proprio nome può portare a fare scoperte interessanti su di noi e sugli altri.

Lucia è un nome di luce, significa "luminosa", "splendente" e l'onomastico è festeggiato il 13 dicembre, che nel calendario giuliano corrispondeva al solstizio d'inverno ed era pertanto il giorno più corto dell'anno. Santa Lucia fu martirizzata a Siracusa nel 303 al tempo di Diocleziano.

Nella Divina Commedia la figura di Lucia assume un ruolo molto importante di Guida e di forza luminosa, capace di debellare ogni insidia che Dante incontra nel suo cammino. Lucia è guida e patrona di Dante ed è in grado di riscaldare e illuminare anche le tenebre più profonde, quelle della desolazione e dello scoramento. Lucia, patrona dei ciechi, accompagna Dante nel suo percorso di redenzione.

Sento nel mio nome una forza di luce che illumina anche l'oscurità e mi ci ritrovo pienamente.
Abito il mio nome con gratitudine. Il nome ci viene dato da chi ci dà la vita e può essere un dono o un peso, io sono profondamente riconoscente ai miei genitori per la loro scelta e sono contenta del mio nome.

Parimenti al nome, anche le figure delle nostre progenitrici segnano una strada, un percorso conoscitivo. In spagnolo la parola "nonna" è *"abuela"* e questo rende evidente il legame di trasmissione delle conoscenze anche in forma inconscia da parte delle nostre antenate. Più passa il tempo, più sono consapevole di portare in me molti aspetti del pensiero e della personalità delle mie due nonne, e comprendo quanto il loro modo di essere abbia potuto influenzare le mie scelte e la mia visione del mondo, ancor più dei loro insegnamenti diretti.

Mia nonna paterna si chiamava Vittoria Italia Libera Roma ed era nata nel 1873, tre anni dopo la Breccia di Porta Pia. Nel 1873 Arthur Rimbaud scriveva *"Una stagione all'Inferno"*, Emile Zola *"Il ventre di Parigi"*, Fjodor Dosto-evskij *"I Demoni"*. Era una donna austera, di poche parole, ma d'inaspettate ironie. Mio padre era nato quando lei aveva già quarantasei anni, un evento straordinario per quei tempi. Ha vissuto con me fino alla sua morte, avvenuta a novantaquattro anni. La cosa particolare è che negli ultimi vent'anni della sua vita non è più uscita di casa non perché fosse malata, ma semplicemente perché si era annoiata del mondo. Non per questo la sua mente si era offuscata: era lei che teneva la contabilità, preparava la lista della spesa, organizzava l'andamento domestico con efficienza e aveva un apprezzabile sangue freddo. Ricordo che una volta ci portarono in dono una gallina viva e nessuno in casa aveva il coraggio di tirarle il collo: solo lei fu in grado di affrontare la situazione senza esitazione, risolvendo drasticamente la faccenda. Mi affascinava tantissimo quando, sul grande tavolo di marmo della cucina, con le sue forbici magiche dalla punta calamitata, apriva il ventre alle galline morte per estrarne le interiora. Io osservavo questo rituale con curiosità ed estremo interesse: erano le mie prime lezioni d'anatomia.

Vestiva tutta di nero e portava degli orecchini con i diamanti. La sera, strascicando i piedi, al buio, mentre io ero già a letto, entrava nella mia camera, dove al muro era appesa la fotografia di suo marito Quirino, morto da parecchi anni e, battendo con la mano ritmicamente sull'immagine dell'estinto, gli dedicava una silenziosa preghiera: io restavo raggomitolata nel letto, inchiodata dal terrore, fingendo di dormire, ma angosciata da quel rito funebre, che si ripeteva immancabilmente ogni sera.

La mia nonna paterna mi ha insegnato a riflettere sulla morte e sul suo significato, sul legame che s'instaura tra i vivi e i morti ed è la prima persona che ho visto morire quando avevo undici anni.

NEL SEGNO DI ECATE

Sono io e non sono io
Da quando ho scelto
Di sparire in me stessa

Nella camera segreta
Della mia mente
Mi sono autoreclusa
Nella notte del mio abitare
Matriarca oscura

Pronta al Sacrificio
A spegnere tenere
Vite palpitanti

Con le mie forbici magiche
Dalla punta calamitata
Aprivo ventri
Ed estraevo viscere
Cuore polmoni reni

Le uova che si stavano
Formando
In un rituale duro e crudele
Oggettivo nel distacco
Operavo la mia
Conoscenza segreta

Tutte le notti
A passi strascicati
E felpati sui tappeti
Mi dirigevo verso l'altare
Dei Penati

Mentre mia nipote
Fingeva di dormire
Attendendo atterrita
Che si compisse
Quel rituale funebre

Con battito ritmico
Operavo la mia trenodia
Con la devozione
Della sposa

Rimasta vedova
Dopo aver dato i suoi
Frutti tardivi

E quel battito
Ristabiliva i confini
Tra Morte e Vita
Tra Presenza e Assenza
Tra Esilio e Ritorno

Quell'oscuro limite
Dove amavo indugiare
Era il segreto occulto
Che mi restituiva
Al mio scopo.

Da "Controcanto, Supernova", 2015

La mia nonna materna si chiamava Anita, e veniva dall'Appennino tosco-emiliano, da una valle selvaggia e solitaria da cui se n'era andata molto presto, scendendo in pianura per guadagnarsi da vivere lavorando come bambinaia in una villa presso dei conti ad Abano Terme.

Lì aveva conosciuto mio nonno Giovanni, un pittore che dipingeva soffitti, con cui si era sposata nel 1911, l'anno in cui in Messico ci fu la rivolta contadina guidata da Emiliano Zapata e a Londra vi furono le prime rivolte delle suffragette per conquistare il diritto di voto per le donne. Le piaceva cantare e conosceva molti stornelli toscani. Ricordo che uno di questi parlava della triste vicenda di Pia dei Tolomei, una nobildonna toscana segregata e uccisa dal marito per sospetta infedeltà, di cui parla anche Dante nel Canto V del Purgatorio.

Mia nonna Anita aveva gli occhi azzurri, era molto bella ed era terziaria francescana. Aveva avuto cinque figli (una bambina, Gemma, era morta quattro anni prima che nascesse mia madre, alla quale diede il suo stesso nome).

Era rimasta vedova presto e, nonostante le difficoltà, con forza e determinazione, nonostante i tempi difficili, aveva fatto in modo che i suoi quattro figli, un maschio e tre femmine, si laureassero tutti, due in Matematica e due in Lettere. La ricordo come una donna coraggiosa, indipendente e capace di affrontare le difficoltà della vita a testa alta.

Era sempre attiva e dedita agli altri, non pensava mai a se stessa e a un'età già molto avanzata continuava a curare tre dei suoi nipoti, i figli di Maria, sua figlia più giovane, con cui viveva. Da lei ho imparato che forza e dolcezza possono coesistere in una stessa persona. La ricordo in una poesia che ho scritto a proposito delle radici e del rapporto che mi lega con i miei antenati, filtrato attraverso la fantasia e l'immaginazione, in quanto sono consapevole che parlare di sé, delle proprie origini e dei propri fantasmi implichi sempre un certo grado di affabulazione e trasformazioni sia consapevoli che inconsce.

RADICI AFFABULATE

Bosco oscuro: improbabili ascendenze longobarde,
ma i miei avi forse decoravano moschee a Taskent,
la Grande Madre della Luna Morta
mi ha insegnato a dissezionare i cadaveri
a comprendere che dietro ad ogni vita c'è una morte
e che ogni morte nasconde il pullulare
insidioso della vita.
L'altra nonna discesa in fuga dai monti

negli occhi grigio azzurre lontananze
sapeva cantare i tradimenti e gli amori
l'estasi operosa di chi si affida al tempo.
La Bilancia, la Tartaruga, la Civetta:
nel Nome del Padre
e del Padre del Padre
che non a caso si chiamava Quirino
seppi che la Giustizia non si addice agli uomini
che li divora prima del tempo
che ci trafuga i padri
ci priva di ogni Legge;
e nei villaggi incendiati non restano altro
che vuoti simulacri e orrore e cenere.
Ho avuto due madri
una per il sì
e una per il no
e ciò ha diviso la mia anima
in una doppia paura.
Bosco oscuro:
più si fa buia la selva,
più l'intrico è impenetrabile,
più rami e radici incombono,
più luce scaturisce
dalla sorgente occulta,
sebbene sia notte.

Da "Confini", Editoria Universitaria, 2015

Così, scrivendo e pensando a loro, mi rendo conto degli influssi che le mie due nonne hanno avuto sul mio carattere e su come, più passa il tempo, questo si faccia evidente. Circola in me la loro linfa e percepisco quello che hanno pensato e vissuto. Noi non siamo soltanto noi stessi, ma portiamo sulle spalle i nostri antenati, come Enea che portava sulle sue spalle il padre Anchise, fuggendo dalla sua città in fiamme.

I miei due nonni non li ho conosciuti: erano morti da parecchio tempo quando sono nata. Il mio nonno paterno si chiamava Quirino ed era nato in Polesine, in un paese dal nome improbabile: Giacciano con Baruchella.

Era magistrato, come mio padre, ha lavorato in Cadore, a Capodistria e a Udine. Abitava con mia nonna, mio padre e mia zia Licia, in via Rudena, a Padova, in una casa con un giardino che aveva delle palme davanti alla quale passo di tanto in tanto, pensando a loro. Andava spesso al caffè Pedrocchi ed era amico del matematico napoletano Renato Caccioppoli, il nipote di Bakunin, genio tormentato e trasgressivo. Era un intellettuale, critico e ironico nei confronti del mondo e della storia.

Il mio nonno materno si chiamava Giovanni, era di Abano Terme, era bruno, affascinante, di un fascino esotico che lo rendeva simile a un mediorientale. Era decoratore di soffitti, un artista, un sognatore e amava l'Opera. Era una persona generosa e amante della vita. Quando ormai era consapevole che essere prossimo a morire per un cancro all'intestino cantava l'aria della Tosca:

"L'ora è fuggita, e muoio disperato
E muoio disperato
E non ho amato mai tanto la vita"

Questo mi hanno raccontato di loro, questo ricordo, ma in questi brevi passaggi vedo tutta la loro vita e percepisco il loro carattere e le loro inclinazioni.

Poesia

"La poesia non è un modo di liberare l'emozione, ma una fuga dall'emozione; non è un'espressione della propria personalità, ma una fuga dalla personalità. Ma naturalmente, solo coloro che hanno personalità ed emozioni sanno cosa significhi dover fuggire da queste cose."

T.S. Eliot da "Il bosco sacro. Saggi sulla poesia e sulla critica"

La vocazione alla scrittura mi ha sempre accompagnato, fin da bambina. Fin da piccolissima tenevo diari, scrivevo poesie, annotavo le mie impressioni, cercavo di comprendere il senso della vita ed ero molto attenta agli accadimenti interiori. Ho sempre scritto, ogni giorno, ogni mese, ogni anno della mia vita. Molti diari li ho buttati via, altri li ho tenuti.

A volte, rileggendo quanto ho scritto in anni lontani, mi ritrovo e mi riconosco pienamente ancor oggi. In fondo siamo quello che siamo stati, nonostante il tempo e le esperienze accumulate, il nostro nucleo originario è sempre lo stesso, intatto, inviolato. La mia era una vita prevalentemente introspettiva, anche se apparentemente giocavo come tutti gli altri bambini. Cercavo la compagnia, non ero un'asociale, ma la parte più intima e profonda di me scorreva come un fiume carsico. Ho sempre amato moltissimo leggere e attraverso le letture viaggiavo e immaginavo. Amavo tantissimo disegnare e quando mi dedicavo al disegno trascorrevo momenti di pura felicità. Facendo fluire le immagini sul foglio m'immergevo in un mondo in cui ero io a decidere e a creare, inventavo storie complicate con personaggi di fantasia e ideavo lo svolgersi delle loro vite in forma di epopee complesse, piene di ostacoli, svolte, cambiamenti.

M'interpellavo sull'essenza della poesia che alla fine era la mia chiave di lettura per comprendere il mondo. Frequente nel linguaggio poetico è il soliloquio, o meglio, il dialogo con una parte di se stessi. Si parla con il proprio cuore, il proprio spirito, la propria anima. Questo intimo colloquio meditativo permette di prendere le distanze da se stessi e comunicare col proprio Sé, riconoscendolo, accogliendolo, prendendosene cura.

Ecco come mi rivolgo alla mia anima:

ANIMA

Io vivo sulle ali di un mondo
dove il dolore e la gioia si fondono.
Il mio cuore si rigenera nelle notti di pioggia
Che cancella ricordi indelebili, ferite croniche
Che per tutto il giorno si agitano in lui.
Ho un nodo alla gola e non si può sciogliere
Perché le mie lacrime sono aride
Perché vivo solamente nei ricordi
Muoio e risorgo cento volte in un'ora.
Una parola per me è tutto.
Un silenzio per me è morte.
Anima mia, perché sei così fragile?

(Scritta a 12 anni)

Ogni poesia mantiene qualcosa del linguaggio sacro originario, del periodo arcaico antecedente alla Storia, ed esprime la nostalgia per quel tempo perduto in cui poteva palesarsi l'essenza del numinoso. Nel linguaggio sacro la parola è azione e vi sono formule (poesie) in grado di aprire spazi inaccessibili, spazi che quando si rivelano sono vissuti come una conquista che ci permette di ritrovare la pienezza assoluta dei primordi. Il poeta è un uomo divorato dalla nostalgia di questi mondi, asfissiato più di chiunque altro dalla ristrettezza di quello che gli tocca vivere e anela a ritrovare la purezza assoluta di un mondo aurorale.

La poesia vuol essere una sacra formula, tesa a scoprire questa dimensione originaria della quale si ritrova una traccia confusa nella tensione della creazione artistica. Spesso questa tensione è confusa con l'idea riduttiva che ha portato molti critici a pensare alla poesia come al vagheggiamento nostalgico dell'infanzia, di una stagione perduta d'innocenza felice.

Ciò deriva dal fatto che si è abituati a considerare ogni cosa da una prospettiva individualistica e intimistica. Alcuni poeti tra i più lucidi, come Rimbaud, non si sono ingannati, sono consapevoli che la loro nostalgia è quella di un tempo anteriore e la loro ansia della parola è ansia di restituirle la pienezza perduta. Il Poeta sperimenta la Nostalgia del Mai Visto e la racconta attraverso le sue Illuminazioni.

Nella lirica la poesia trova la sua espressione più sofferente, la lirica è essenzialmente elegia, è il pianto dell'uomo che vive un'esistenza ermetica e precaria, sentendosi perituro e considerando fugace tutto ciò che tocca. La poesia è malinconia per ciò che sfugge, per ciò che si è appena allontanato, per un imperfetto possesso e per la consapevolezza dell'assenza e del distacco, per la coscienza della caducità e dello scorrere irrevocabile del tempo.

La poesia celebra tutto ciò; in seguito, attraverso l'evocazione, cercherà di riprodurre l'immagine di un tempo sacro, di un istante irripetibile, attraverso un linguaggio attivo, creatore. Il Poeta continuerà a cercare la pienezza dell'innocenza perduta e lo farà addentrandosi nella selva ermetica dove lo scacco e l'abbandono sono le stazioni del suo peregrinare, e contemplandole, farà in modo che la Parola si volga verso colui che sembra essere il suo antagonista: il Silenzio.

La Parola vorrà fondersi con lui invece di distruggerlo, vorrà amarlo e trasfondersi in lui invece di combatterlo perché desidera far germogliare quella "musica taciuta", quella "solitudine sonora" di cui parla San Juan de la Cruz e che sono le nozze mistiche della Parola con il Silenzio.

Aprire il cuore

"Il Cuore del mistico trae conoscenza dalla trasformazione costante dell'Assoluto attraverso la trasformazione del proprio cuore in varie forme."

Ibn 'Arabi

La metafora ha la funzione di definire una realtà che la ragione non può comprendere, ma che può essere concepita in un altro modo.

È la sopravvivenza di qualcosa di anteriore al pensiero.

Una delle mancanze più tristi del nostro tempo è l'assenza di metafore vive e attive che s'imprimono nell'animo lasciando in esso un segno profondo e vitale. La metafora è un'idea che prende forma in un'immagine come una particolare essenza in cui si condensa una molteplicità di significati.

Una delle metafore più evocative è quella del cuore, organo che irradia luce e che sa essere capace di visione, anche se si è talmente abusato di quest'immagine da giungere ad associarla a un sentimentalismo melenso e svenevole. Ogni visione passa sempre attraverso il cuore che assume così un ruolo fondamentale nella vita psichica dell'individuo.

Anche se l'immagine del cuore è stata banalizzata e al tempo stesso esaltata enfaticamente ha continuato a brillare di una luce e un fuoco del tutto particolari, conservando intatta la sua capacità di visione.

Fuoco e luce sono le sue proprietà fondamentali.

La metafora del cuore in fiamme è frequente nel linguaggio dei mistici e sta a rappresentare l'ardore della Passione che supera ogni ostacolo. Si associa al Cuore anche l'immagine del

Sangue, e ciò è frequente nel linguaggio dei santi, soprattutto in quello di Santa Caterina da Siena in cui l'immagine del Sangue è evocata paragonandola al vino che inebria, e come il vino è consumato, bevuto, trasfuso.

Il Sangue è emblema di comunione, di ebbrezza vitale, offre una vita divina a chi lo beve, si costituisce come emblema di una sete infinita, ardente e inestinguibile. Il Cuore è un crogiuolo al pari di un Athanor alchemico e al suo interno arde una fiamma che fa da guida nelle situazioni difficili, che offre soluzioni insperate ai conflitti interiori in cui si è caduti a causa dell'aggrovigliarsi delle circostanze. Il cuore infiammato illumina e le ferite del cuore sono ferite che non si rimarginano mai, restano vive, attive.

Il cuore è un recinto ermetico che vive una di vita propria, è oscuro, misterioso, inaccessibile, ma in alcune rare e preziose occasioni, si apre.

Il Cuore è il sacro calice del Graal in cui si compiono alchemiche trasmutazioni ed è il luogo privilegiato dove risiede una vita intensa e segreta.

Quando si offre il proprio cuore non è per uscire da sé, ma perché il Cosmo entri a far parte di noi.

In lui si compiono tutte le trasmutazioni.

Vivere in crisi

"Vado a passare la notte a Sintra per non poterla passare a Lisbona, | ma, quando arriverò a Sintra, mi spiacerà di non essere | rimasto a Lisbona. | Sempre quest'inquietudine senza scopo, senza nesso, senza | effetto, | sempre, sempre, sempre, | quest'angoscia eccessiva dello spirito per niente, | sulla strada di Sintra, o sulla strada del sogno o sulla strada | della vita..."

Fernando Pessoa da "Demogorgone"

È ormai diventato un luogo comune riferirsi alla nostra epoca come a un periodo di crisi in cui ogni cosa decade è superata, per poi essere ridefinita.

Tanto spesso si sente parlare di crisi dei valori, delle coscienze, d'identità, di crisi economica, politica, energetica, ambientale, sanitaria, che si rischia di considerare con superficialità queste definizioni e rischiamo di fare la stessa cosa con la nostra vita, finendo per viverla in modo approssimativo, senza addentrarci nel profondo, senza riuscire a sviscerarne il senso più autentico. È necessario pertanto soffermarsi sul significato di crisi e su quello che essa rappresenta per l'individuo e per la collettività.

Che cosa significa meditare sul proprio disagio?

Significa dare un orientamento alla preoccupazione che ci accompagna, permettendole di scorrere tranquilla in un alveo e dopo averla interiorizzata, accettarla, incorporandola alla nostra mente e alle nostre ore.

La parola "crisi" deriva dal greco *"krisis"* che significa "scelta", "decisione". Chi è perplesso, incerto, chi si trova a un bivio, spesso incapace di risolversi, non sa compiere alcuna scelta e rimane sospeso a un'incertezza che lo consuma. Vivere in crisi significa vivere inquieti, ma la condizione stessa della vita è inquietudine. Nessuna vita è calma e tranquilla, per quanto si desideri che lo sia. Una vita calma spesso è stagnante, priva di obiettivi e di orizzonti. Non è solo l'inquietudine a caratterizzare il vivere in crisi, ma l'intensificarsi del senso di precarietà, che attualmente è diventato esasperato ed eccessivo, ai limiti della sopportazione. Eppure è proprio l'incertezza che, se accolta, ci spingerà sempre avanti a tentare nuove vie, a percorrere territori inesplorati.

In molte opere della prima metà del Novecento, ricorre, con frequenza impressionante la parola "inquietudine". Tra le tante, la prima che mi viene in mente è quella di Fernando Pessoa che porta appunto questa parola nel titolo *"Il libro dell'inquietudine"* ovvero *"Livro do desassossego por Bernardo Soares"* la cui stesura lo impegnò per più di un ventennio, dal 1913 fino all'anno della sua morte, il 1933. È un libro intenso e tormentato, in cui proprio l'inquietudine diviene la miccia per la creazione e l'immaginazione.

L'inquietudine novecentesca è presente non solo in ambito letterario, ma anche architettonico, pittorico, musicale, nella smania di viaggiare che pervade l'umanità e nella mobilità crescente delle classi sociali. L'Europa stessa diviene un inquieto continente alla deriva e d'inquietudine è fatta la sostanza stessa delle nostre vite.

Ancora di più ora, nel Terzo Millennio, periodo in cui stanno saltando tutte le sicurezze e i riferimenti che ci avevano accompagnati nei tempi passati, l'inquietudine assume un ruolo predominante. Ora però non si tratta più di un'inquietudine d'altri tempi, quando la vita era ricca di avventure e di *epos*, ma di un'irrequietezza subita, nella quale ci si sente reclusi e senza vie di fuga. È l'ansia di chi si sente trascinato, impossibilitato a compiere delle scelte, di colui che si sente incapace d' impugnare il proprio destino, perché forze più grandi hanno già deciso per lui. A tale condizione d'inquietudine passiva si associa una tremenda solitudine. La solitudine del nostro tempo è prodotta dal crollo di ogni certezza e dall'impossibilità di riconoscersi in qualcosa. Siamo soli perché siamo angosciati e confusi. La crisi che ci opprime però può diventare una risorsa, rivelando i nostri lati nascosti.

Quando l'esistenza non trova alcun appiglio e giustificazione, in mezzo a tanta oscurità, è allora che abbiamo il privilegio di leggere chiaramente la nostra vita, perché questa si rivela grazie all'incombente disagio. Pertanto ogni crisi storica rivela un conflitto essenziale della vita umana e nel suo palesarsi fa affiorare le paure e i fantasmi individuali.

Nei momenti di crisi la vita è esposta e vulnerabile, se ne teme la sua estrema nudità, perciò si corre a ripari e paraventi ideologici per cercare ad ogni costo una copertura, nonostante questo tentativo di protezione conduca a precipitare inevitabilmente in equivoci dolorosi. Ci vorrebbe un po' di coraggio per guardare questa nudità, per custodire e coltivare la forza del sogno, per vedere cosa ci rimane, quando non ci rimane più nulla. Spesso la tentazione è quella di persistere nelle antiche abitudini, per comodità o per vigliaccheria, ma questo comporta grossi rischi, come quello di vivere un'esistenza cristallizzata, deprivata di significato o d'implodere in modo devastante, quando la tensione accumulata diviene insostenibile. La vita in crisi è come una navigazione perigliosa, un viaggio tra Scilla e Cariddi, in cui la sventura, che a tratti sembra ineluttabile, può improvvisamente svanire.

Allora, solo allora, quando stiamo toccando il punto più buio della nostra Notte Oscura, giunge inaspettato un Dono che improvvisamente ci porta Altrove, in una trascendenza che si manifesta come il carattere più autentico della nostra esperienza. È l'estrema gratuità del Dono e il poter rispecchiarci in esso che ci permette di attraversare, indenni, il filo spinato dei nostri limiti.

Ecco, siamo già diventati Altro, poiché la nostra dimora ora si colloca in un nuovo territorio. Questo carattere trascendente della realtà chiarisce il perché della solitudine inquieta in cui ci troviamo nelle epoche di crisi: solo oltrepassando i limiti che ci siamo autoimposti la nostra vita riprenderà a scorrere, ma se siamo chiusi di fronte alle possibilità, tutto si farà opaco e stagnante intorno a noi.

Pertanto la trascendenza non è altro che la capacità che abbiamo di uscire da noi stessi oltrepassando i nostri confini. Cosa può rianimare le sorgenti del nostro essere che l'inquietudine e il dibattersi della crisi hanno disseccato? Iniziare a muoversi verso qualcosa che ci chiama, abbandonandosi con serenità alla sapienza inconscia del vivere.

Basta aprirsi alla fiducia, agire senza attaccamento, non pretendere frutti dalle nostre azioni, perché d'un tratto tutto inizi ad animarsi e comincino a giungere messaggeri. Solo rinunciando al mondo, questo si offrirà a noi nella sua massima pienezza e ricchezza. Angeli e demoni sono le potenze che ci permettono di intraprendere il nostro cammino verso la trascendenza. Così, come sono venuti, angeli e demoni a un tratto scompaiono dal nostro orizzonte.

Non bisogna cercare di trattenerli, ma dobbiamo sempre essere pronti ad accoglierli.

La signora Maria

"L'attesa è il futuro che si presenta a mani vuote."

Michelangelo Buonarroti

Abitava in una casa antica che si affacciava su Prato della Valle, una buia casa ottocentesca, colma di suppellettili e quadri, di mobili pesanti come i ricordi, che internamente si affacciava su un giardino lungo e stretto, pieno di magnifiche rose. Abilissima nell'arte del ricamo, oltre alle tovaglie, ricamava anche tappeti di lana, riproducendo i disegni di quelli orientali. Viveva da sola ed era stata la mia madrina di Battesimo e di Prima Comunione.

Vestiva sempre di nero, come la mia nonna paterna. Era rimasta presto vedova, e cosa ancor più dolorosa, il suo unico figlio, Gianni, amico e compagno di scuola di mio padre, non era più tornato dalla guerra e non aveva più dato notizia di sé.

Lei era rimasta ad attenderlo, non accettando l'idea che potesse essere morto. Questa attesa la pervadeva tutta ed era il suo pensiero dominante che l'accompagnava nelle sue lunghe ore di solitudine. Era molto legata alla mia famiglia, che la invitava spesso a pranzo. Andavo a trovarla con mia zia Licia, sorella di mio padre, che viveva con noi.

Per andare da lei ricordo che percorrevamo via Paolo Thaon di Revel, costeggiata da un lungo, altissimo muro, dietro il quale stavano recluse le Suore Eremite Clarisse del convento di San Bonaventura. Quando percorrevo quella strada inondata di sole, osservando le lucertole che guizzavano tra le fessure del muro e pensando alle esistenze segregate delle monache, mi pareva di vivere l'anticipazione di un altro luogo di clausura verso il quale stavamo dirigendoci: la casa dove la Signora Maria viveva reclusa tra i suoi ricordi e le sue nostalgie.

Una volta, ero ancora molto piccola, ricordo che mi rivolse queste parole:

«Quando un giorno tornerà un uomo da molto lontano, cosa ti piacerebbe avere in regalo da lui?»

Senza pensarci troppo, con l'ingenuità e l'entusiasmo dei bambini risposi:

«Un cavallo a dondolo! »

Passarono gli anni, l'uomo non tornò mai e alla fine fu la Signora Maria a regalarmi quel cavallo a dondolo che desideravo tanto, ma nel frattempo ero cresciuta e come desiderio era già superato. Questa storia mi fece capire che alcune cose arrivano troppo tardi e altre non arrivano mai. Si può passare tutta una vita ad attendere qualcuno o qualcosa, senza alcun risultato.

In realtà Gianni era morto, caduto a Tobruk, in Libia, in battaglia, durante la Seconda Guerra Mondiale. Finita la guerra, un suo commilitone andò a trovare la Signora Maria per annunciarle la dolorosa notizia, ma per una serie di pietosi e misteriosi contrattempi, non riuscì a comunicare con lei. Tantissimi anni dopo ho trovato un foglietto di carta in cui questo testimone scrive la cronaca dell'accaduto, affermando di aver visto Gianni cadere in combattimento. La Signora Maria non volle mai sapere la verità e preferì continuare a illudersi che Gianni fosse ancora vivo, da qualche parte, ma che non potesse, per qualche oscuro motivo, mettersi in contatto con lei. Come Penelope, continuava a tessere la sua tela, ricamando bellissime tovaglie, intessendo tappeti dai disegni complessi e intricati come le vie del Destino che negarono al suo Gianni quella del Ritorno.

Era molto devota e aveva come confessore Padre Leopoldo Mandich, il santo croato vissuto a Padova, al quale aveva confidato le sue pene e ricordava sempre la risposta enigmatica che lui le aveva dato a proposito del ritorno di Gianni:

«Prima di morire, sarà consolata».

La Signora Maria è morta a novantatré anni e nessuno sa cosa abbia visto prima di morire.

Adolescenza

"Pigra giovinezza,
a tutto asservita.
per delicatezza
ho perduto la mia vita.
Ah, venga il tempo
In cui i cuori s'innamorano."

Arthur Rimbaud da "Canzone della torre più alta"

Crescere significa cominciare a riconoscere la propria vita interiore, ascoltare le proprie intuizioni, seguire i propri gusti e le proprie fantasie, nutrire la propria immaginazione, decidere cosa non ci piace e cosa invece fa parte di noi. L'adolescenza è come una giornata di tempo instabile, in cui si alternano acquazzoni a subitanee schiarite, fioriture a geli improvvisi.

Ricordo che durante gli anni delle medie avevo una gran voglia di fare la stupida, di essere esagerata, sbruffona, di provocare, forse anche per nascondere la mia timidezza e insicurezza. Ero una ragazzina inquieta, capace di profonde malinconie, ma anche di momenti di allegria sfrenata. Mi distendevo in mezzo alla strada, per sfidare le automobili e per far colpo sulle amiche, mi aggrappavo esternamente alla ringhiera lasciandomi spenzolare nel vuoto (per fortuna abitavo al primo piano e non sono mai caduta).

A scuola tagliavo i capelli alle compagne sedute nel banco davanti al mio, bruciavo i quaderni di scuola, avevo una maschera di allegria superficiale che non coincideva affatto con la mia vera essenza.

Fingevo una spensieratezza che era solo un modo per ostentare una sicurezza che non avevo, manifestavo un'ilarità a volte sopra le righe, ma era paura di rivelare i lati fragili e sensibili della mia personalità ancora *in fieri*. Cercavo delle rivelazioni, aspettavo che la vita mi venisse a prendere con i suoi misteri e la sua profondità, intuivo che avrei scoperto mondi e dimensioni nuove, compiuto esperienze complesse in cui la mia coscienza si sarebbe formata e avrebbe sperimentato nuove possibilità.

Quando ero sola rientravo in me, prendevo i miei diari e scrivevo, scrivevo, scrivevo, forsennatamente, perché questo era il mio modo d'interrogare il mondo. Sentivo che la mia vita segreta scorreva nella sua autenticità e che finalmente potevo essere a mio agio con me stessa. In quei momenti spazio e tempo si annullavano e potevo attingere alle sorgenti dell'Infinito. Sentivo che non ero mai sola, ma che voci venute da lontano, da secoli ormai trascorsi, da altri luoghi e latitudini, mi parlavano nella mia lingua natia. I poeti erano quei ponti che mi mettevano in comunicazione con altre dimensioni, a me più familiari e congeniali rispetto a quella della vita ordinaria.

Ho sempre amato la poesia perché si nutre della dimensione del simbolico e permette di procedere attraverso l'intuizione e la profezia. Con lei ho sempre avuto un rapporto privilegiato: mi deriva da mia madre, che a sua volta amava e scriveva poesie. La biblioteca di casa era piena di libri di poeti che leggevo e rileggevo avidamente, facendomi permeare dalle loro visioni e percezioni che nutrivano la mia immaginazione.

Ecco un testo che ho scritto a undici anni, in cui tento di spiegare che cosa significhi per me la poesia:

POESIA

Risveglia in un momento, e tutte le cose,
ogni frammento, ogni palpito, ogni impercettibile istante
racchiudo nella mia memoria.
Ogni tratto di volto, ogni espressione
desta in me nell'attimo del momento
una storia, una canzone che verranno poi
trasportate dal vento.
Ogni parola, ogni gesto, ogni pensiero,
nella mia mente s'incide in un modo
che non dimentico
per tanto tempo ancora
fino a quando non nasce qualcosa
ancora più bello e chiaro.
Questa è la poesia che ci accompagna
Nel cammino dei giorni
Ed è come quando scrivi qualcosa
Da rimembrare
Amore, dolore, gioia, odio e pensiero
Qualcosa che infonde mistero.
Gioia, brilla come diadema nel sole,
Pace, che si può chiamare anche amore,
Silenzio che sa pure di poesia,
Odio, esiste pure quello nella vita mia.

Per me scrivere significava entrare in contatto con le sorgenti vitali dell'essere. Coltivavo le mie malinconie, sondavo le mie paure, m'interrogavo sul significato del mondo al quale mi affacciavo titubante e timorosa, eppure sicura che prima o poi vi avrei trovato quello che desideravo.

Ascoltavo musica, i dischi 45 giri in vinile con le canzoni dei Rolling Stones, dei Rokes, di Caterina Caselli, di Lucio Battisti, Patty Pravo e poi di tanti altri gruppi musicali e cantautori che mi avrebbero accompagnata nel mio viaggio.

Cercavo amicizia, compagnia, mi entusiasmavo delle persone, poi rimanevo delusa da loro e deludevo a mia volta. Andavo alla ricerca di un mio stile, di un mio modo d'essere in cui riconoscermi e trovarmi a mio agio, desideravo scoprire territori nuovi e sconosciuti.

Frequentavo la scuola media "Francesco Petrarca", la cui sede era in un antico palazzo signorile e mi piaceva tantissimo la strada che percorrevo per raggiungerla, nel cuore della vecchia Padova. Mi piacevano i giorni di nebbia, che avvolgeva la città in autunno e in inverno, i cui portici antichi assumevano una dimensione cupa e misteriosa che mi affascinava. La nebbia creava un'atmosfera metafisica, facendo apparire le cose lontane vicine e quelle vicine lontane.

Un tratto di strada che percorrevo, Riviera Paleocapa, si snodava lungo il fiume Bacchiglione che attraversava la città. Sulle sue acque si specchiava la Specola, l'antico osservatorio astronomico, originariamente torre di difesa medievale, uno dei monumenti più suggestivi di Padova.

Ho sempre amato camminare lungo i fiumi, perché nello scorrere dell'acqua percepisco il fluire del tempo, delle memorie, del passato e del futuro.

Riflessioni sull'acqua

"È a mezzo dell'acqua che Noi rendiamo viva ogni cosa"

Versetto coranico 21, 31

Se il presente, come dice il poeta portoghese Fernando Pessoa, è il futuro del passato, per pensare al futuro dobbiamo interpellarlo, coglierne i segni e le anticipazioni inscritti nel qui e ora.

Quale potrà essere il nostro futuro?

La risposta è già racchiusa nel nostro presente. Si tratterà di un futuro "liquido", anche se non propriamente nel senso inteso dal sociologo e filologo Zygumnt Bauman. Il linguaggio della contemporaneità parla di reti, di navigazione, di canali, di piattaforme, tutti termini legati alle acque e che sono entrati in modo sempre più invasivo nella nostra quotidianità.

Per questo credo che proprio da questo elemento liquido dovremmo ripartire per conoscere il nostro futuro.

FLUENDO

Sull'acqua vibra un riflesso di mondi
Pennellate di luce
Si specchiano sospese
In una doppia vertigine

In questa fluida memoria
Scorrono infinite possibilità
Per vivere tempi a venire

Si realizza prima la città interiore
Quella invisibile
Poi col tempo
Si costruisce quella visibile

Il termine inglese *"waterfront"* significa "fronti di territorio a contatto con l'acqua" ed è assimilabile al concetto di "bordo, limite, soglia" da intendersi come fascia di territorio in cui interagiscono elementi diversi, come l'acqua e la terraferma. In questo caso l'acqua diviene luogo d'interazione tra mondi e identità diverse e implica una mescolanza di domini.

Essa costituisce una sorta di zona franca, di mondo intermedio. La presenza delle acque in un territorio è fondamentale e assume una valenza profondamente simbolica, rendendolo, come afferma la mistica islamica, luogo deputato del *barzakh*, ovvero soglia metafisica in cui dialogano insieme il Visibile e l'Invisibile.

> "*Il Cuore è l'istmo (barzakh) in quanto separa i due mari che rappresentano il Cielo e la Terra: il gradevole mare d'acqua dolce rappresenta il regno dello Spirito, mentre il mare salato e amaro è il regno dell'anima e del corpo.*"
>
> *Martin Lings da "Iniziazione al sufismo"*

Il pensiero mistico islamico non si limita a definire l'importanza di questa soglia tra due mondi, ma descrive anche, presso la confluenza di due mari, due città immense poste l'una di fronte all'altra, popolate da una moltitudine di creature: Jabalqa che si trova in Oriente e Jabarsa, posta in

Occidente. Il Poeta si colloca nel mondo intermedio del *barzakh*, in quanto si fa mediatore tra il Visibile e l'Invisibile. Il suo ruolo consiste nell'operare un metaplasmo, cioè il passaggio da una categoria a un'altra, dal reale al simbolico, dal concreto all'astratto.

Per questo la parola, simile all'elemento fluido dell'acqua, nel suo manifestarsi è un evento eminentemente sorgivo, ma se le acque sono inquinate, anche le parole possono essere avvelenate. L'acqua è da sempre un potente veicolo mnestico, e dobbiamo ricominciare a dialogare con lei, restituendole la sua sacralità. Negli ultimi trent'anni dello scorso millennio la presenza delle acque nelle città è stata cancellata in modo sistematico, è stata misconosciuta completamente la loro potenza simbolica. Nelle città molti fiumi e canali sono stati interrati, stravolgendo la fisionomia urbana.

Gli anni Settanta, Ottanta e Novanta dello scorso millennio in particolare hanno contribuito alla distruzione della dimensione simbolica insita nelle città, nel territorio, nei corsi d'acqua, nei laghi e nei mari. L'indifferenziazione degli edifici e delle strade, finalizzate solo alla circolazione di mezzi di trasporto, ha corrisposto all'appiattimento delle coscienze e dell'immaginazione.

La diffusione di edifici insignificanti sul territorio ha corrisposto al degrado delle acque. Quando una realtà è priva di contenuto, inevitabilmente patisce anche un vuoto di forma. La perdita della complessità architettonica corrisponde a una perdita della capacità di seduzione dei luoghi che divengono ancor prima che anonimi, atopici.

Camminare di fianco a un fiume, un canale, un corso d'acqua, al mare, all'oceano, riattiva memorie e conoscenze, favorisce il fluire dei pensieri in un andirivieni continuo tra passato, futuro e presente.

Lo afferma Leonardo da Vinci:
"L'acqua che tocchi de' fiumi è l'ultima di quelle che andò e la prima di quella che viene. Così il tempo presente."
Lo scorrere dell'acqua rigenera lo spirito, rendendo inclini alla riflessione e all'introspezione.

Il filosofo greco Eraclito afferma:
"Non si può discendere due volte nel medesimo fiume e non si può toccare due volte una sostanza mortale nel medesimo stato, ma a causa dell'impetuosità e della velocità del mutamento si disperde e si raccoglie, viene e va."

L'acqua è elemento imprescindibile dal territorio, un connotato fondamentale per alimentare il fascino dei luoghi.

Lo sapeva bene Baudelaire, che non amava le città prive di corsi d'acqua e che durante un soggiorno in Belgio, annotava lapidario nei suoi appunti:

"Bruxelles: tristezza di una città senza fiume".

La Terra Desolata di cui parla Eliot nella sua omonima opera poetica, è una terra guasta, in cui l'acqua è avvelenata e il Tamigi *"trasuda olio e catrame".* Lo stato delle acque riflette lo stato di salute della città che vi si affaccia. Da qualche anno sento la necessità di percorrere a piedi il territorio veneto, per meglio investigarne le tracce, le memorie, per conoscerne il linguaggio e mi accorgo che molti di questi miei percorsi si snodano a fianco delle acque: talvolta si tratta dell'acqua del mare, della laguna, altre volte di laghi, di fiumi e dei canali navigabili di cui è ricca la nostra regione. Camminando a fianco delle acque raccolgo segni, tracce, epifanie che mi raccontano di un legame antichissimo di queste con il territorio. Affiorano testimonianze di antichi culti legati alle divinità acquatiche, compaiono presenze animali, (cormorani, aironi, garzette, martin pescatori, ibis sacri e cicogne) o antichi relitti di burci, barche che trasportavano le merci nei canali e fiumi navigabili. Appare con evidenza in questo dialogo tra la terra e le acque, come sia presente un fortissimo elemento inconscio.

Un rapporto squilibrato con la nostra interiorità porta inevitabilmente a essere travolti dalle acque psichiche. Ne abbiamo esempi frequenti nella Bibbia, dove le acque del Mar Rosso si aprono per garantire il passaggio degli Ebrei, manifestando così la loro valenza salvifica, mentre si chiudono sui carri e gli eserciti del Faraone, trascinandoli nell'abisso, oppure nell'episodio di Cristo che cammina sulle acque e che trae in salvo l'apostolo Pietro, che aveva tentato di emularlo e stava annegando nel lago di Tiberiade.

CAMMINARE SULLE ACQUE

Camminare sulle acque
È dono di una mente tranquilla
Che si raccoglie in se stessa
E non trema e vacilla

Ci sono leviatani acquattati
Nelle profondità dell'inconscio
Ma chi sta saldo in se stesso
Senza tergiversare
Conosce il mare
E le sue generose risorse

Tu temi e tremi sull'onda
E non procedi con la fiducia
Che richiede la superficie misteriosa
Che cattura i tuoi passi

Se la tua vita è tempesta
E sei debole e privo di forza

Non t'inghiottirà il malefico gorgo
Delle tue paure nascoste
Se ascolti al calar della notte
La voce dell'onda

Gli spettri non hanno paura
La paura è tutta nel gorgo e nel vento
Che un poco ti somiglia
Presenza ed assenza
Come si integrano in te?

Il vento contrario
La notte insonne
Sono voci che ti attraversano
Tu ascoltale
E fatti condurre da loro

Da "Quanto dista Finisterre? Supernova, 2020

In merito alla fascinazione simbolica che suscita la potenza salvifica e distruttrice delle acque, voglio ricordare un episodio raccontato da Carl Gustav Jung nella sua autobiografia *"Sogni, ricordi, riflessioni."*

Carl Gustav Jung, racconta di aver visitato a Ravenna, insieme a una sua assistente, il Battistero degli Ortodossi, che aveva già visitato precedentemente: entrambi in quell'occasione erano certi di aver ammirato alcuni mosaici, tra cui uno in particolare che rappresentava Cristo che salva San Pietro dalle acque del lago di Tiberiade. Jung scrive, in merito a questa visita, di cui parla anche nel corso di un seminario:

"Ero piuttosto sorpreso perché al posto delle finestre che ricordavo di aver visto nella mia prima visita, vi erano ora quattro grandi mosaici d'incredibile bellezza, e che, a quanto pareva, avevo completamente dimenticati. M'irritava scoprire

che non mi potevo fidare della mia memoria. [...] Il quarto mosaico, sul lato occidentale del battistero, era il più efficace. Lo guardammo per ultimo. Rappresentava Cristo che tendeva la mano a Pietro, mentre questi stava per affogare nelle onde. (...) Iniziazioni di questo genere spesso erano legate all'idea che la vita fosse in pericolo, e così servivano a esprimere l'idea archetipa della morte e della rinascita. Il battesimo originariamente era stato una vera immersione, che appunto alludeva al pericolo di annegare".

Tornato in patria, la sorpresa e lo sgomento di Jung sono però enormi quando, alla ricerca d'immagini fotografiche che possano documentare la scena di questo interessante archetipo, scopre che il mosaico che credevano d'avere visto rappresentava in realtà il battesimo di Gesù Cristo nel Giordano. Jung e la sua assistente, dunque, avevano soltanto percepito il tema del Battesimo che avevano interpretato attraverso altre immagini sempre legate al rapporto con le acque e alla loro duplice funzione, annientatrice e salvifica.

A proposito delle acque, molti miti e leggende ruotano intorno alla storia di continenti scomparsi, come quello di Atlantide e di Mu, o di città inghiottite dalla furia delle acque a causa della condotta dissennata dei loro abitanti, come quella di Ys, in Bretagna, il cui ricordo è evocato nel nome di Parigi: Par Ys, "uguale ad Ys."

L'uso di diserbanti, pesticidi, liquami e scarichi industriali, oli e catrami ha ammorbato per troppo tempo le acque e di conseguenza anche la nostra psiche. Solo quando torneremo a considerare il territorio un'entità che interagisce con noi ritroveremo l'equilibrio e l'armonia perduta.

Per riequilibrare il rapporto con le acque sarà fondamentale bonificarle, risacralizzarle, per instaurare nuovamente con esse un dialogo profondo che permetta l'aprirsi e il dialogare con i territori dell'Inconscio.

Non c'è salvezza materiale e spirituale lì dove le acque sono inquinate. I canali e i fiumi che solcano una regione sono equiparabili a vene in cui circolano memorie, conoscenze e immagini, al pari del fluido vitale del sangue nel corpo umano. La fretta che costituisce la cifra più evidente del nostro tempo ha portato ad abbandonare le vie d'acqua, privilegiando il trasporto su ruote.

Nell'interessantissimo romanzo fantascientifico di Ernst Jungher *"Heliopolis"* (1980) l'autore immagina superato il culto della velocità di matrice futurista, che viene sostituito da ritmi più lenti che permettono un approccio più consapevole ai luoghi. Le navi modernissime sono state abbandonate, sostituite dalla navigazione di vascelli più adatti alle nuove esigenze lavorative, che permettono pause, soste e deviazioni in grado di permettere la riflessione e la contemplazione.

La velocità, la fretta e i ritmi accelerati della vita moderna non saranno più aspetti desiderabili nel futuro, ma saranno considerati indicatori di una condizione di asservimento e di schiavitù. Tema centrale di *"Heliopolis"* è la ricerca della saggezza, non come condizione di potere, ma di rinuncia e la rinuncia implica due regole: l'autodisciplina e il rispetto.

Il mondo pre-pandemico aveva sostituito la disciplina con la produzione e la lealtà con l'efficienza. Forse, immaginare un futuro diverso implica non tanto lo stare nel mondo delle certezze, ma imparare ad abitare la dimensione della possibilità e dell'ambiguità, tipica di mondi capaci di dialogare su piani differenti.

Per il futuro sarà fondamentale superare il concetto di specializzazione settoriale, affrontando le problematiche territoriali sotto diversi punti di vista. Come afferma Bataille, ognuno di noi nel futuro dovrà imparare ad abbandonarsi a quella perdita di sé – parziale, totale – implicita nella comunicazione con altri. Tra il minuscolo recinto del proprio spazio personale e la dimensione aperta si svolge ai giorni nostri un conflitto quotidiano che è quello tra sé e gli altri, tra dentro e fuori. Per realizzare un nuovo modo di essere è necessario attraversare quello stretto passaggio il cui nome è *Angst,* Angoscia, Mancanza di respiro. Ritornare alla dimensione liquida dell'acqua permette di lasciar scorrere quanto in noi è fermo e stagnante.

L'importanza dell'acqua e della sua sacralità, ma anche del suo valore come elemento fluido navigabile lo conosce bene Venezia, che simile all'antica Tenotichtlan o alle città delle Fiandre, sorge circondata dall'abbraccio avvolgente dei suoi canali e specchiandosi sull'acqua moltiplica la sua immagine, creando nuove prospettive.

Anche la toponomastica veneziana testimonia quest'assidua frequentazione con le acque: bacino, canale, rio e "rio terà" (canale interrato, memoria di qualcosa che non c'è più).

Le acque abbondano anche nella geografia dantesca, ricca di fiumi infernali e paradisiaci i quali segnano sempre una soglia, un luogo di confine e di passaggio ad altre condizioni. Per questo penso che la città del futuro non possa prescindere da un'interazione con l'elemento acquatico, metafisico per eccellenza e in grado di permettere l'espansione della sua immagine all'infinito, in un gioco continuo di riflessi.

C'è una parola bella e antica che appartiene allo spagnolo del Settecento: *"querencia"* che significa *"desiderio di ritorno, di ripresa"*: ripartendo dal dialogo vivo e operante con le acque, dal rispetto della loro sacralità, della loro funzione terapeutica e salvifica... forse solo ripartendo da lì si potrà immaginare un futuro possibile per la città. Cosa ci riservi il tempo a venire non è dato di sapere, se la conciliazione dei due mondi, Visibile e Invisibile darà risultati positivi o condurrà a catastrofi. Credo però che il ruolo dei poeti sia quello di essere traghettatori ed è un compito di magistero spirituale, in quanto essi conoscono l'importanza fondamentale del *poiein,* cioè del fare.

Solo attraverso un'azione poetica si può pensare di costruire il futuro che si deve aprire su scenari pansofici in cui sarà possibile integrare la conoscenza di diversi ambiti.

Stravolgimento

E le acque improvvisamente mi travolsero con la loro portata distruttiva. Perdere improvvisamente il padre a quattordici anni ti stravolge la vita. È un trauma e come tale crea una cesura irrimediabile tra il prima e il dopo. La tua esistenza non è più la stessa, tu non sei più la stessa. È un'enormità, un macigno, quello che ti trovi ad affrontare.

Ciò che era prima è così lontano, ora.
Ti senti segnata, ma fai finta che non sia successo niente.
Non piangi, stringi i denti e ti comporti con disinvoltura.

Non parli del tuo dolore, te ne vergogni, non lo accetti, non è cosa che ti riguardi. Fuori l'aria è calda, c'è il sole di una primavera avanzata, tra poco viene l'estate e tu ti porti addosso la coltre nera di questo lutto.

Hai voglia d'innamorarti, di vivere.
Tua madre è distrutta.
La tua casa è diventata una prigione.
Ti ritrovi all'improvviso con due madri.

Tua madre, che vuole fare le veci di tuo padre e la tua zia paterna, che cerca in tutti i modi di riparare questo disastro che ha atterrato anche lei.

Scaricano su di te la loro ansia, la loro paura, ti soffocano.
Due madri alle calcagna sono troppe.

Scappi, vai dagli amici, a fare la stupida, l'ilare, la spavalda e non parli mai di quello che ti è rovinato addosso d'improvviso.

Fai finta di niente.
Dentro hai una voragine spaventosa.

Avventurarsi nel mondo

"Non tutto quel che brilla è oro
Né gli erranti sono perduti;
Il vecchio ch'è forte non s'aggrinza,
Le radici profonde non gelano.
Dalle ceneri rinascerà un fuoco,
L'ombra sprigionerà una scintilla;
Nuova sarà la lama ora rotta,
e re quei ch'è senza corona."

J.R.R. Tolkien da "Il Signore degli Anelli"

Si sonda il terreno, è franoso, ci sono agguati da ogni parte, il mondo non è facile, soprattutto quando si è esposti e feriti. Spesso si è colpiti proprio nei punti in cui si è più deboli e sembra che questo accada per poter imparare sempre daccapo quello che non si è voluto elaborare e comprendere. Per fortuna ci sono gli amici, nostri compagni di viaggio, anche loro hanno dovuto incontrare difficoltà all'interno delle loro famiglie, lutti, separazioni, dispiaceri.

Vero è il proverbio di Sancho Panza nel Don Chisciotte:

"Non con chi tu nasci, ma con chi ti pasci" .

Confidare agli amici le proprie ombre, i propri fantasmi, condividere momenti di leggerezza e di stupore, andare insieme alla scoperta del mondo e cercare di comprendere il valore e il significato delle nostre scoperte, è l'unica ancora e punto di forza.

A casa iniziano i contrasti, le critiche, le colpevolizzazioni: tu vorresti essere accolta, riconosciuta e invece ti fanno sentire come una reproba, un'incapace e la tua ins-curezza aumenta e così anche la tua voglia di andare via. Ti senti insicura, cammini su un territorio minato, dove ad ogni passo potresti saltare in aria. Non riesci a concentrarti, non hai voglia di studiare, ti monta all'improvviso la paura e non sai di cosa, il cuore ti batte forte e vorresti andare sempre in giro, lasciarti alle spalle tutto e rinascere senza portarti il peso del dolore, delle recriminazioni, dei sensi di colpa.

In fondo non hai fatto niente di male, ti stai solo affacciando alla vita alla ricerca di un'identità.

Urlo

"Ho visto le menti migliori della mia generazione distrutte dalla pazzia, affamate nude isteriche, trascinarsi per strade di negri all'alba in cerca di droga rabbiosa, hipsters dal capo d'angelo ardenti per l'antico contatto celeste con la dinamo stellata nel macchinario della notte, che in miseria e stracci e occhi infossati stavano su partiti a fumare nel buio soprannaturale di soffitta a acqua fredda fluttuando sulle cime delle città contemplando jazz..."

Allen Ginsberg da "Howl"

Comprai *"Juke-box all'idrogeno"* di Allen Ginsberg che ero poco più che quattordicenne, a Padova, in una libreria in Prato della Valle che non esiste più da tanti anni. Era un Oscar Mondadori a cura di Fernanda Pivano, col testo originale a fronte e sulla copertina compariva l'immagine di Allen Ginsberg, barbuto e occhialuto, con in testa una tuba a stelle e strisce, parodia dello zio Sam, personificazione nazionale degli Stati Uniti d'America.

È un libro che ho letto e riletto tantissime volte, un breviario dell'immaginario, capace di trasmettermi la ricchezza infinita di quegli anni densi di ricerche e delle sperimentazioni della beat generation. Nel 1957 Lawrence Ferlinghetti, poeta ed editore, fu condotto in carcere a San Francisco: era accusato di diffondere oscenità per aver pubblicato nelle edizioni City Lights il poema *"Howl"* di Allen Ginsberg.

"Juke-box all'idrogeno" è un libro prezioso per la sua intensità e per la sua portata rivelatoria. Un giorno feci l'errore di prestarlo a una persona che non me lo restituì mai più.

Mi rimase per tanti anni un senso di vuoto per questa mancanza. A volte si prestano dei libri che per noi sono autentici tesori a persone che non sono in grado di apprezzarli. Eppure, le parole che avevo letto in quelle pagine mi si erano stampate nella mente a lettere di fuoco.

Parecchi anni dopo ritrovai questa raccolta di poesie esposta nella vetrina di un negozio di libri usati a un prezzo decisamente maggiorato. L'indomani, quando mi recai lì per comprarlo, il libraio mi disse che era già stato venduto. Rimasi molto amareggiata: non mi era stato possibile riconquistare quel libro tanto agognato. Parlai del mio cruccio con un amico e qualche giorno dopo ricevetti da lui un regalo bellissimo e inatteso: mi donò quel libro che avevo tanto amato negli anni della mia adolescenza e che avevo perduto e proprio nella medesima edizione a cui ero tanto legata! È stato uno dei più bei regali che io abbia mai ricevuto, finalmente sanava una mancanza che continuavo a portarmi dentro.

Ora lo tengo come un trofeo in un punto privilegiato del salotto per averlo sempre davanti agli occhi, lo guardo con affetto e venerazione, ne accarezzo la copertina, ma non ho più il coraggio di aprirlo, anche se lo conosco a memoria, mi fa quasi soggezione: ho paura, rileggendolo, di non provare più quei momenti d'intensità e di emozione che un tempo mi ha regalato. Ancor di più oggi sono legata a questo dono prezioso, ora che il mio amico non c'è più: solo guardando la copertina di *"Juke-box all'idrogeno"*, sento la sua presenza che mi riscalda il cuore e penso al valore inestimabile della nostra amicizia.

Spleen

"Coltello e piaga, schiaffo e guancia, membra
e ruota sono, vittima e carnefice;
sono il vampiro del mio cuore, un grande
infelice, di quelli a un riso eterno
dannati, e che non possono più sorridere."

Charles Baudelaire da "L'Heautontimorumenos"

Un altro autore che mi ha fatto e mi fa tantissima compagnia a cui sono immensamente riconoscente è Charles Baudelaire. L'ho conosciuto sui banchi di scuola, in quarta ginnasio, studiando *"Spleen"*. Sono rimasta affascinata da lui dopo aver letto questa poesia, perché era riuscito a evocare nei suoi versi un mondo che mi era familiare: ammiravo soprattutto la sua innata capacità di attingere alla dimensione del simbolico, riuscendo a creare immagini indimenticabili come:

"...se ne va su pei muri la Speranza sbattendo la sua timida ala, come un pipistrello che la sua testa picchia su fradici soffitti."

È un'immagine che consideravo di una bellezza e intensità inarrivabili. È un Ariete e, come me, è nato nella seconda decade del Segno Zodiacale. Sento nei suoi confronti una sorta di fratellanza spirituale. Ho letto tutte le sue opere e non c'è una sola sua parola con la quale non mi senta perfettamente allineata e in sintonia.

SPLEEN

Quando come un coperchio il cielo pesa
grave e basso sull'anima gemente
in preda a lunghi affanni, e quando versa
su noi, dell'orizzonte tutto il giro
abbracciando, una luce nera triste
più delle notti; e quando si è mutata
la terra in una cella umida, dove
se ne va su pei muri la Speranza
sbattendo la sua timida ala, come
un pipistrello che la sua testa picchia
su fradici soffitti; e quando imita
la pioggia, nel mostrare le sue strisce
infinite, le sbarre di una vasta
prigione, e quando un popolo silente
di infami ragni tende le sue reti
in fondo ad i cervelli nostri, a un tratto
furiosamente scattano campane,
lanciando verso il cielo un urlo atroce,
come spiriti erranti, senza patria
che si mettano a gemere ostinati.
E lunghi funerali lentamente
senza tamburi sfilano né musica,
dentro l'anima: vinta, la Speranza
piange, e l'atroce Angoscia sul mio cranio
pianta, despota, il suo vessillo nero.

Dopo aver letto questa poesia, mi sono sentita meno sola e ho avvertito che la sua voce non mi avrebbe più abbandonato. È stato un innamoramento alla prima lettura. A casa poi ho trovato in biblioteca *"I Fiori del male"*, edito da Feltrinelli nella bellissima traduzione di Luigi de Nardis, e non ne ho più abbandonato la lettura. L'ho tenuto per anni sul comodino come una sorta di mio breviario personale, di cui aprivo e sfogliavo le pagine più volte al giorno. Sentivo calzare perfettamente alla mia sensibilità ogni parola, ogni immagine. Non mi sono mai sentita così bene come dentro le sue parole. La sua opera mi parlava di malinconia, della nostalgia d'isole lontane, di mistero, di profondità, di bellezza e di dannazione.

Mi sono nutrita delle sue parole, delle sue ironie, delle sue tristezze, della perfetta eleganza dei suoi versi, così lucidi nel descrivere la condizione di disagio esistenziale in cui ci troviamo immersi, così capaci di evocare le dimensioni esotiche e seducenti di un Altrove sempre vagheggiato sotto i cieli cupi e piovosi di Parigi.

Un'altra cosa che mi lega a lui è l'amore incondizionato per i gatti, animali che celebra in molte sue poesie. Anch'io vedo in quest'animale la *summa* della bellezza, dell'eleganza, della magia e della grazia.

Quando, nel 1989, l'anno in cui si celebrava il bicentenario della Rivoluzione Francese, sono stata a Parigi di ritorno da un bellissimo viaggio in Bretagna e Normandia, ho voluto visitare il cimitero di Montparnasse, dov'è sepolto. Questo mio desiderio derivava forse da un ricordo ancestrale o da una coazione a ripetere inscritta nel mio DNA? Anche mia madre, che amava il teatro e l'arte, molti anni prima di me aveva portato un mazzo di violette sulla tomba della Divina Eleonora Duse, nel cimitero di Asolo. Ero andata a trovarlo recandogli un mazzo di fiori gialli e con emozione mi ero avvicinata alla sua tomba. Si trattava una tomba che forse il suo spiccato senso estetico avrebbe disapprovato: troppo massiccia ed enfatica e troppo vicina a quella del suo militaresco patrigno, il generale Aupick che in vita aveva detestato. Ero felice e commossa per essere riuscita ad andare a salutarlo. I Poeti sono i nostri compagni di sventura e per questo si crea con loro un legame indissolubile. Questa poesia l'ho scritta e dedicata a lui, in occasione del bicentenario della sua nascita:

MON SEMBLABLE MON FRERE

Il tuo volto nobile e pallido
Ripetuto per otto volte
Sta sulla copertina violetta
Di quel libro che ho consultato
Come un oracolo
Ritrovando una lingua
Dimenticata da chi
Per troppa fretta
Calpesta le nuvole
Che si specchiano
Dentro le pozzanghere
Ironia sovrana
D'un malinconico regno
In cui la tristezza
È l'ornamento più
Prezioso dello sguardo
La chincaglieria della gioia
Resti pure a quanti
Non sanno divertirsi da soli
E temono i fondali profondi
Abito dentro i tuoi versi
Come in un palazzo orientale
Dalle infinite stanze
Percepisco la fragranza
Di quanto è irraggiungibile
E immateriale si srotola

In volute di fumo
Lente spire d'un serpente celeste
Quali abissi sapevi evocare
Sotto i cieli piovosi
Della tua Parigi
Quali vertigini visionarie
E quali terribili indomani
Solo un Pollo seduto male
Ebbe il coraggio di stampare
Le tue parole per traghettarle
Fino a nuove epoche
Per lenire inferni d'imbecillità
Ho portato sulla tua tomba
Un mazzo di fiori gialli
Nel cimitero di Montparnasse
Dove dormi un sonno inquieto
Accanto al generale Aupick
Ho portato un mazzo di fiori
Gialli sulla tua tomba
E ti ho cercato per le vie
Di Honfleur
Ti ho cercato sempre
E ti ho sempre parlato
Se avessi avuto un fratello
Avrei voluto si chiamasse come te

9 Aprile 1821- 9 Aprile 2021

Francesca e Paolo

"What would you do if I sang out of tune,
Would you stand up and walk out on me.
Lend me your ears and I'll sing you a song,
And I'll try not to sing out of key.
Oh I get by with a little help from my friends,
Mmm,I get high with a little help from my friends,
Mmm, I'm gonna try with a little help from my friends."

John Lennon- Paul McCartney da "With a little help from my friends"

L'amicizia autentica non si può instaurare con chiunque, ma solo con chi riesce a trovare le chiavi della nostra anima, a chi è disposto ad accoglierci così completamente che non è necessario spiegargli nulla poiché ricorda tutti i passaggi significativi della nostra vita. L'amicizia vera l'abbiamo con chi condivide con noi una lingua segreta e perciò diviene il tessuto della nostra stessa anima. Diffido di chi dice di avere tanti amici, non si apre il proprio cuore a tutti e non allo stesso modo. Alla propria amica, al proprio amico, si perdonano tutte le debolezze, come fossero le nostre, si è parziali, si è sempre e comunque dalla loro parte, senza mezze misure. Con loro si ride e si piange, si vivono esperienze indimenticabili e insieme con loro scopriamo le nostre passioni, i nostri interessi, gettiamo le fondamenta della nostra vita. Più avanti nel tempo ci saranno altri amici e altre esperienze, ma niente potrà cancellare quelle prime scoperte fatte insieme sul mondo e su noi stessi.

Francesca l'ho incontrata per prima, quando eravamo ancora bambine, ma abbiamo cominciato a frequentarci assiduamente dopo esserci ritrovate in classe insieme in quarta e quinta ginnasio: subito è nata tra noi una grande sintonia e complicità. A entrambe piaceva scrivere, fantasticare, avevamo una visione tutta nostra del mondo, una visione tragicomica, grottesca e macabra, gotica e anticonvenzionale che ci divertiva e ci faceva sentire diverse, speciali. Ci raccontavamo a vicenda dei nostri amori impossibili e improbabili, ridendo spesso per le pene che ne derivavano, a scuola non stavamo mai attente, ma ci portavamo libri da casa da leggere, disegnavamo, scrivevamo progetti per romanzi, litanie poco ortodosse, racconti e canzoni.

Da lei mi sono sempre sentita completamente accolta e compresa. Era piccolina, con i capelli cortissimi castani e con due bellissimi occhi azzurri. Camminavamo insieme attraverso la città, scarpinando sui nostri stivaletti d'inverno e arrancando sui nostri zatteroni con la zeppa di sughero in estate, a caccia di mille avventure. Avevamo comprato due impermeabilini rossi uguali che un anno indossammo per tutto l'inverno, nonostante il freddo e che ci rendevano simili a due Cappuccetti Rossi che si avventuravano in un mondo pieno di lupi. Scrivevamo incessantemente poesie sui nostri diari e quadernetti e credevamo ai miracoli. Lei aveva una sensibilità preziosa, geniale, un'intelligenza vivida, una capacità unica nel cogliere le situazioni. Io ero più timida, meno agguerrita. Ma in Francesca c'era un malessere profondo, più profondo del mio. Parlava sempre della morte, la convocava, dialogava con lei.

Quando compì trent'anni scrisse:

«Tu dici che sono di gomma: ma la gomma dopo trent'anni si rompe».

Così fu.

Al compimento del suo trentatreesimo anno morì.

Non ho più avuto amiche come lei.

Paolo è un musicista. È uno dei migliori suonatori di sitar in Italia. Ci siamo conosciuti a scuola, durante l'intervallo. Aveva una maglietta nera alla Peter Gabriel con le maniche a pipistrello, i capelli lunghi e suonava il flauto traverso. La nostra amicizia è fiorita spontaneamente perché così doveva essere. Ne abbiamo passate tante insieme e ci siamo sempre sostenuti l'un l'altra. Abbiamo trascorso ore a parlare della nostra vita interiore, di quello che ci opprimeva e di quello cui aspiravamo. Paolo ha sempre visto, sentito e compreso tutti i miei stati d'animo; grande amante dell'India, ci è andato tantissime volte ed è stato iniziato da una famiglia di musicisti indiani ai misteri della musica.

Pratica la Biofonia, la cura attraverso il suono. Paolo sa tutto di me, ci piace ricordare, quando ci vediamo, i momenti fondanti della nostra esistenza e quanto abbiamo lavorato insieme per superare le nostre difficoltà, parlando, confrontandoci, ascoltandoci, sostenendoci reciprocamente.

Una volta, eravamo ancora ragazzini, mentre attraversavamo un ponte a Padova, io, facendo la stupida, avevo lanciato in aria una mia scarpa che con sgomento era finita in acqua. Paolo, più veloce d'un lampo, si era calato lungo l'argine e senza esitazioni si era buttato nel fiume per recuperarla: ero rimasta ammirata e sbigottita dalla sua straordinaria attestazione d'affetto.

Ricordo che una volta siamo andati a Roma, a Villa Borghese, dove si sarebbe tenuto per alcuni giorni un festival rock: praticamente ero scappata di casa, in quanto mia madre mi aveva dato l'indirizzo di in istituto di suore, che avrebbe dovuto essere il mio punto d'appoggio per visitare la Capitale e dove avrei dovuto pernottare, insieme ad altre mie due amiche. In realtà rimanemmo lì solo per una notte: non riuscivamo a sopportare l'atmosfera austera e poco accogliente del luogo, ci avevano sistemate in una camerata con lettini in stile ospedaliero laccati di bianco, e così, con una scusa qualsiasi, lasciammo il triste alloggio e ce ne andammo al Parco di Villa Borghese, dove ci aspettavano degli altri nostri amici, tra cui Paolo, per dormire in tenda. Lì finalmente c'era l'atmosfera giusta per noi: avevamo realizzato il nostro intento, andarcene da casa per ascoltare i nostri gruppi musicali preferiti che suonavano a Roma. C'erano Eugenio Bennato, i Perigeo, la Nuova Compagnia di Canto Popolare, Antonello Venditti e tanti altri. Trascorsi quei giorni in una situazione alla Woodstock, sollecitata da incontri, presenze, situazioni e concerti che ampliarono i miei orizzonti. Però non tutto era così idilliaco: sorsero dei conflitti all'interno del nostro gruppo, mi toccò rivivere situazioni che mi avevano già fatto soffrire.

Ricordo che Paolo era il solo a comprendere bene il mio stato d'animo, e mi ritrovai a piangere sulla sua spalla. È una tra le poche persone con cui mi sono permessa di lasciarmi andare e lo considero un dono prezioso inviatomi dal cielo.
È il mio Fratello spirituale e per me, figlia unica, è sempre stato un importante punto di riferimento.

Le porte della percezione

"Quando le porte della percezione si apriranno tutte le cose appariranno come realmente sono: infinite."

William Blake

In quegli anni si erano aperte le porte della percezione: tutto era possibile e l'Impossibile era l'avventura migliore. Alcuni le varcarono con l'entusiasmo dei neofiti e non sono più tornati indietro. Altri dimenticarono l'esperienza per adattarsi a un'esistenza che non era in grado di corrispondere alle loro speranze. Si tentavano vie nuove, mai percorse, con il coraggio e la paura di esploratori che si avventurano in un territorio sconosciuto. Il terreno era insidioso, pieno di buche, trappole, agguati, zone minate, ma nulla rimase intentato. Si scelse di divenire l'Altro, quell'altro che da sempre covava dentro di noi e al quale fino a quel momento non si sapeva dare voce né riconoscimento, quell'Altro che Rimbaud per primo era riuscito a incontrare. Ci furono profeti, poeti, ciarlatani, visionari e sognatori.

In quegli anni bastava uscire dalla porta di casa e s'incontravano per strada i Re Magi, che offrivano i loro doni, l'Incenso della Veggenza, l'oro della Sapienza, la Mirra della Trascendenza. Noi non sapevamo fino a quali regioni interiori ci saremmo avventurati, in quali catabasi estreme saremmo sprofondati, in quale Terra Incognita avremmo piantato le tende, ma andavamo avanti fiduciosi e pazzi, ingenuamente esposti, nonostante il secolo breve desse i suoi ultimi singulti sanguinari e stilasse le liste delle vittime sacrificate a tristi ideologie, a cieche appartenenze, esautorando i più dal potere che donava la libertà di essere al di fuori dei tracciati comuni. Quante volte si finì sotto il giogo di schiavitù rassicuranti che frenarono il passo e che troncarono il volo a chi aveva già attraversato indenne numerosi confini. Sette, santoni, stregoni, capipopolo arruolavano eserciti di sognatori i quali avevano ancora bisogno di credere che per divenire l'Altro bisognasse sognare i sogni altrui.

Eppure, dalla fragilità, dalla cedevolezza e l'insicurezza scaturirono mondi multicolori e impermanenti, costruzioni precarie e splendide, la vita si offriva tutta nella sua fragrante e misteriosa essenza, nel suo mistero di gloria.

Molti finirono dimenticati, o finirono per dimenticare.

Eppure quel seme divino di follia continuò a germogliare, quel fuoco dionisiaco rimase acceso a dispetto dei decenni scialbi che ne seguirono. Apparentemente piegati, si continuò a cercare, preferendo sperimentare su se stessi il rischio di vivere, preferendo alle idee ricevute i vasti territori incogniti che si aprivano davanti a noi. Come lava dormiente sotto le ceneri, pronta a risvegliarsi, la nostra sete di Assoluto continuò a domandare e a cercare. Non c'è anestetico che possa sopire la consapevolezza di chi ha visto fiorire la moltitudine dei mondi per risplendere in un Attimo Eterno.

Passarono generazioni, finì un millennio, ne iniziò un altro, e tutto in una calma apparente. L'oggi è il presente che ci appartiene: siamo vivi in questo pomeriggio estivo illuminato dalla luce dorata del sole, nel frinire assordante delle cicale per testimoniare che nulla è accaduto, perché tutto accade ora.

Il canto delle sirene irretisce solo quanti non sono in grado di comprenderlo. Riemergendo dalle nebbie mnestiche di mille Altrove, continuiamo a essere pellegrini d'Oriente, viandanti d'Occidente e ancora generiamo nuove luci.

Territori interni

"Questa strada ha un cuore? Se la risposta è no, lo saprai, e allora dovrai scegliere un altro sentiero."

Carlos Castaneda

Mondi scompaiono, altri affiorano, palesandosi inaspettati. I confini sono fatti per essere oltrepassati. Apparire, sparire non sono altro che due condizioni di un medesimo movimento. In questa profezia manchevole che è la storia, in cui ci ostiniamo a coltivare la speranza come memoria del futuro, possiamo affermare di possedere la verità?

Raccontare, scrivere, a che scopo?
Come si forma la storia della nostra vita?

Ciò che scriviamo è autentico o è frutto delle nostre proiezioni, dei nostri desideri, delle nostre paure? Si raccolgono immagini, percezioni che divengono parole. La falena è attratta dalla fiamma della lampada e nel bruciare realizza il suo scopo, così noi siamo attratti da situazioni, luoghi e persone che ci distruggono, ma che al tempo stesso ci illuminano. Crono divora i suoi figli, il passato divora il futuro e così a volte la fedeltà al passato uccide la speranza del futuro, le vecchie generazioni non vogliono cedere lo scettro ai loro eredi, anzi, ne sconfessano perfino l'esistenza. Pochi sono in grado di applicare le parole di San Giovanni Battista:

"È necessario che io diminuisca affinché egli cresca."

Giovanni, 3:30

Vorremmo continuare a essere protagonisti di qualcosa che non è più in grado di rappresentarci. Non ci sono certezze, si coltiva la fede nella contraddizione. Impercettibilmente, ci si allontana da tutto quello che ci è stato talmente prossimo da non distinguerlo da noi stessi.

Si esce dagli stampi precostituiti per fluire e dissolversi. C'è un continente sconosciuto che ci abita, un'Atlantide sommersa che ogni tanto appare. È il nostro lato nascosto, il più forte e indistruttibile. Solo volgendoci alla nostra interiorità possiamo trovare quella pienezza che manca nella vita esteriore, possiamo coltivare la memoria del futuro. Tra ombre e abissi si manifestano sprazzi di luce e di sogno, ma accade di rado di poter incontrare se stessi e in genere questo accade solo in solitudine. Anche se si continua a sbagliare, è importante non rinunciare mai alla propria introspezione.

È importante imparare a vivere nel mistero, fino a identificarsi col mistero stesso. Oltre il linguaggio esiste una terra senza sentieri percorsa da viandanti che scelgono di essere nessuno per avere tutti i nomi possibili. Come gli astri scompaiono dalla volta celeste, pur continuando a brillare, così la loro presenza non si cancella quando scompaiono.

Ci sono due modi per raccontare la propria vita: una attraverso l'anamnesi e la ricapitolazione, l'altra attraverso la meditazione e la contemplazione. Eppure l'immaginazione creatrice sa vivere al di fuori del tempo e delle categorie e rimane sempre accesa, come una lampada dalla luce inestinguibile. Così, la storia della nostra vita, se attenta agli accadimenti interiori, più che una cronaca di avvenimenti si trasforma nella storia di un'anima, di come il virgulto della vita dello spirito prenda forza e si radichi in noi, sviluppando progressivamente forza ed energia fino a diventare un grande albero, alla cui ombra trovare riparo. Alla fine, divenire ciò che siamo è il mandato cui dobbiamo adempiere, a questo siamo stati chiamati dal destino. Eppure, tutto ciò non implica un attaccamento alla propria identità, quanto un desiderio di trascendenza, di andar oltre per giungere a quelle regioni dove Presenza e Assenza, Lontano e Vicino, Tutto e Niente si integrano e si fondono per diventare una cosa sola.

Da bambina mi chiudevo in una stanza al buio, per fare esperimenti magici: alchimista in erba, usavo fiale e boccette di vetro in cui versavo liquidi e mescolavo elementi; era quello il mio gioco preferito, dedicarmi a trasformare le cose, sperimentando che da una cosa poteva scaturirne un'altra, scoprendo che il desiderio e l'intento sono una miccia potente per ottenere dei risultati.

Spirito e Materia interagiscono tra loro e ciò che accade su un piano, può influenzarne anche un altro. Poi, un giorno, molti anni dopo, mi sono trovata davanti al Portico della Gloria della cattedrale di Santiago di Compostela, dove ero giunta dopo aver camminato per centinaia di chilometri e lì ho compreso che la vera magia è quella che parte dalla volontà di realizzare i propri sogni e, riconoscendo e ascoltando il desiderio, riuscire a condurlo verso la sua meta. Insieme a me, tanti altri viandanti hanno calcato quei cammini, mossi da qualcosa che trascendeva le loro stesse forze e possibilità: questo è il miracolo più grande. Il Portico della Gloria si apre e conduce il viandante in un'altra dimensione, immateriale, dove Visibile e Invisibile dialogano insieme.

Per giungere fin qui, bisogna percorrere chilometri e chilometri per giorni e giorni, fino ad arrivare in Galizia, nelle regioni dell'estremo Occidente. La forma suprema dell'erranza si coniuga con l'ingresso trionfale nella Cattedrale di Santiago di Compostela: varcando quella soglia, ci si trasforma, diventando partecipi di una nuova condizione.

Una volta ho anche avuto la fortuna di vedere in azione il Botafumeiro, il grande turibolo che sprigiona incenso sulla moltitudine dei pellegrini. Queste sacre abluzioni costituiscono una sorta di rito di purificazione.

Entrare nella Cattedrale, assistere a questa cerimonia, è aver adempiuto il proprio destino. Grazie a questa esperienza, niente sarà come prima e porteremo sempre con noi quest'immagine di realizzazione e compimento.

La terra guasta

"Quali sono le radici che s'afferrano,
quali i rami che crescono
da queste macerie di pietra? Figlio dell'uomo,
Tu non puoi dire, né immaginare, perché conosci soltanto
un cumulo d'immagini infrante, dove batte il sole
e l'albero morto non dà riparo,
nessun conforto lo stridere del grillo,
l'arida pietra nessun suono d'acque."

T.S. Eliot da "La Terra Desolata"

Essere giovani in Veneto negli anni Settanta significava vivere un momento di grande cambiamento, in cui l'*epos* e l'*eros* del territorio iniziarono ad essere completamente stravolti. Le belle case coloniche dagli ampi porticati, disseminate nella campagna furono abbandonate e ad esse vennero sostituite quelle che Gianni Celati chiama *"villette geometrili"* circondate da pretenziosi giardini con colline artificiali su cui svettavano araucarie.

Tra queste cominciarono a sorgere file ininterrotte di capannoni di cemento a uso terziario e industriale. Un'ondata di cemento ricoprì i campi, si abbatterono alberi e al loro posto si costruirono parcheggi per gli ipermercati.

Una vera e propria "Hitaloschima" come afferma Ceronetti che con questa folgorante definizione designa lo sfascio paesaggistico perpetrato senza alcuno scrupolo in Italia, in particolare nella pianura padana.

I bei paesaggi veneti celebrati nei quadri di Giorgione e di Cima da Conegliano, dove figure ieratiche di Santi sono assorte in sacre conversazioni sullo sfondo del dolce territorio veneto, furono cancellati dal trionfo esondante di queste brutte e disarmoniche costruzioni.

Spesso, pensando al Veneto, mi viene in mente la Terra Desolata, ricordata nel ciclo bretone. Il Re Pescatore, giace ferito e il suo regno isterilisce e soffre con lui. Nonostante il suo male, il Re Pescatore è il custode del Graal. I cavalieri della Tavola Rotonda si recano a visitarlo, sperando di conquistare quella coppa preziosa, simbolo dell'alleanza tra Dio e gli uomini, ma presi dal loro desiderio e vanità, non sono in grado di porre al Re la domanda giusta in grado di sciogliere quell'incantesimo malefico. Soltanto Parsifal riuscirà a vedere il Graal perché il suo cuore è puro e saprà porre al Re Pescatore la domanda che nessuno gli ha fatto:

«Ti fa male la tua ferita?» A queste parole l'incantesimo si spezza, il Re guarisce e la terra riprende a generare.

Solo esercitando la capacità di sguardo e la compassione si può risanare un territorio devastato e depauperato da logiche di profitto che non rispettano la bellezza e l'armonia dei luoghi. Se non si riesce a guardare, a vedere il territorio che ci circonda, non si può essere in grado di comprenderlo. Solo attraversando a piedi i luoghi, percorrendoli da viandanti, si possono vedere e riconoscere le ferite e le lacerazioni che hanno subito.

"Nullus locus sine genio" scriveva Servio Mario Onorato nel IV secolo d. C. nei commenti all' *"Eneide"* di Virgilio. Il "*Genius Loci*" del paesaggio influenza tutti quelli che lo abitano. Questo spirito che aleggiava sulla terra era una vera e propria divinità che imprimeva dei tratti inconfondibili nel luogo e in coloro che lo abitavano. La perdita di paesaggio avvenuta negli anni Settanta in Veneto ha coinciso con una perdita d'identità e di radicamento da parte delle persone.

Cominciando a dimenticare i riti che celebravano i momenti salienti di passaggio delle stagioni, abbandonando le tradizioni e i riferimenti simbolici legati ai luoghi, la terra si è impoverita e gli individui, non riconoscendosi più in una comunità, hanno cominciato a soffrire e ad autodistruggersi.

Si sono dissolti i legami e le relazioni tra i viventi nel momento in cui il territorio ha perduto la sua sacralità, trasformandosi agli occhi degli uomini unicamente in una risorsa da sfruttare. Questo doloroso passaggio è avvenuto in maniera inconsapevole, ma ha creato drammatiche cesure e i giovani hanno avvertito quello spaesamento che li ha condotti verso una perdita d'immagine e d'identità individuali.

Dagli Anni Settanta in poi, questo degrado e questo declino si sono fatti sempre più massicci e evidenti. Negli anni Settanta, anche se non sapevamo perché, eravamo inquieti davanti a tutto questo dolore della Terra. Non sapevamo porre la domanda che libera e risana e ci aggiravamo, come fantasmi, in luoghi pieni di squallore e di tristezza.

Qualcosa stava finendo irrimediabilmente e Pierpaolo Pasolini, profeta e poeta, oltre che finissimo intellettuale, l'aveva compreso e annunciato nell'articolo pubblicato sul Corriere della sera il 1° febbraio 1975, in cui parla della scomparsa delle lucciole. Facendo riferimento alla trasformazione e cancellazione dell'Italia rurale a lui cara, parlando della scomparsa di questi insetti luminosi, opera una trasposizione simbolica: la loro sparizione è il risultato del profondo cambiamento del tessuto sociale, provocato dall'affermarsi della logica consumistica di massa.

Il degrado sociale e materiale in cui viviamo ai nostri giorni è il frutto della degenerazione della democrazia in una dittatura operata attraverso i mass media. "Rimembrare" è un verbo bellissimo: significa rimettere insieme i pezzi di una conoscenza che è stata smembrata.

Attraversare i campi, raggiungere i paesi a piedi, come faccio da qualche anno, permette di rimembrare. Camminando, attraverso la percezione del corpo, acquistando coscienza dei suoni, dei colori, distinguendo le dissonanze e i silenzi, si ricompongono i frammenti delle nostre identità spezzate e disperse sul territorio.

Musica e parole

"Cancellalo dentro
il confine inventato
l'Universo è il tuo Stato"

Claudio Rocchi da "Il passo da fare"

"Un oceano di silenzio scorre lento
Senza centro, né principio
Cosa avrei visto del mondo
Senza questa luce che illumina
I miei pensieri neri"

"Franco Battiato da "Un oceano di silenzio"

Il 18 giugno 2013 lasciava il suo soggiorno terreno Claudio Rocchi, l'Anima più luminosa e sensibile della musica italiana, una stella che ancora ci consola con la sua luce.

Devo tanto a lui, alla sua musica, alle sue parole.

Grazie alle sue canzoni ho compreso la scienza del vuoto, la grazia dell'impermanenza, l'attenzione e il rispetto per ogni più piccola creatura dell'universo. Claudio Rocchi è stato un grande sperimentatore, sempre aperto e accogliente, umile e generoso, desideroso di superare se stesso, attraversando i limiti e confini che la vita c'impone. Ho imparato tantissimo da lui, soprattutto mi ha dato la consapevolezza che non ci si deve mai accontentare del mondo angusto in cui la società ci vuole collocare, ma che ci sono infiniti mondi possibili in cui possiamo scegliere di avventurarci. Mi ha insegnato la gentilezza, la grazia dei non allineati, l'autentica libertà di chi non soggiace ai dogmi e alle ideologie del pensiero preconfezionato. Sapeva esercitare l'arte della sottrazione e non aveva paura del Vuoto, di quel vuoto tanto temuto in Occidente e che invece per l'Oriente è autentica pienezza.

Ha saputo percorrere le infinite vie della conoscenza ed entrare in contatto con viaggiatori straordinari, perché era egli stesso un viaggiatore straordinario. Claudio Rocchi è sempre stato capace di cambiare, di accogliere, di trasformare rivelandosi un magico alchimista dell'Anima.
Nessuno come lui ha saputo essere limpido, innocente e sapiente di quell'autentica sapienza che proviene dall'umiltà e dall'attenzione per gli altri.
So che ci accompagna, nella bufera dei giorni, invisibile amico nelle asprezze del vivere sussurrandoci sorridendo all'orecchio "La realtà non esiste".

Caro Claudio, il viaggio continua, con amore.

Hugs.

Un altro caposaldo del mio immaginario poetico-musicale è stato ed è Franco Battiato. Anche lui se n'è andato troppo presto, ma ha lasciato un patrimonio inesauribile di conoscenze e di bellezza. La sua ricerca si è sempre sviluppata su più piani e ha sempre avuto come meta il miglioramento di sé. La sua grande capacità e la versatilità nello sperimentare ogni possibilità artistica, mi hanno insegnato che è necessario spingersi sempre oltre e sempre più lontano. La sua sete di conoscenza gli ha permesso di attraversare forme e stili, evocare luoghi e viaggi che poi sono quelli della nostra anima.

Rispecchiandomi completamente in lui, per anni non mi sono mai sentita sola, ma sempre in ottima compagnia.
Ha saputo percorrere dimensioni al di fuori dallo spazio-tempo

in cui siamo costretti a vivere. L'amore per i viaggi, per le scoperte, per la ricerca della conoscenza mi viene dal mondo che lui ha saputo evocare. Grazie alle sue canzoni mi sono accostata alla lettura di testi esoterici, ho ammirato tramonti che erano qualcos'altro, mi sono addentrata in labirinti segreti. Mi ha insegnato ad amare la Sicilia quale crocevia misterico di civiltà. In realtà, Franco Battiato non è stato solo un musicista completo, un finissimo compositore, un eccellente cantautore, un originale regista e pittore, ma un intellettuale autentico, un ricercatore inesausto: attraversando tutti gli stili ha dimostrato che non bisogna affezionarsi mai a niente di definitivo. L'avventura dello spirito è sempre stata per lui preferibile a qualsiasi altra.

Claudio e Franco: entrambi mi hanno insegnato che si deve guardare sempre in alto e mantenere viva la nostra forza di speranza. Grazie alle canzoni di Claudio Rocchi e di Franco Battiato, m'incamminavo per i sentieri aspri e tortuosi dell'adolescenza, piena di timore e desiderio, ferita e insicura, ma riscaldata dalla fiamma delle loro parole, dalla bellezza della loro musica. Erano anni pieni di accadimenti: la strada era luogo d'incontri e gl'incontri erano numinose epifanie, gli dei si mescolavano agli uomini.

> S'incontrava l'Altro e l'Altro eravamo noi.
>
> Molti confini furono attraversati e molte dimensioni sperimentate. Suonavamo la chitarra nei parchi e nei giardini pubblici. Follia e sapienza erano il nostro pane quotidiano.

Con l'ingenuità che ci derivava dalla giovinezza, pensavamo che avremmo cambiato il mondo e che l'Oriente, con le sue meravigliose promesse sarebbe fiorito nei nostri mondi, tra fumo d'incensi e statue dalle molteplici braccia, tutte protese a donare. A quel tempo vestivo con gonne a fiori e maglioni larghi, indossavo zoccoli, mi cingevo i polsi e il collo con braccialetti e collane di perline multicolori.

Scrivevo, scrivevo sempre, scrivevo molto e riempivo i quaderni delle mie sperimentazioni simili alla scrittura automatica di matrice surrealista.

PERDUTO E RITROVATO

Ti avevo perduto lungo strade dense di nebbia, nella fuliggine di sogni bruciati, nello struggimento di attese senza scopo.

Ti avevo perduto dentro calici colmi di amarezza, nello squallore polveroso di case abbandonate, nelle ragnatele della nausea.

Avevo inzuppato la tua sincerità nel vino della menzogna, avevo cancellato dai tuoi occhi ogni traccia di gioia, avevo sepolto il tuo amore nei cimiteri della speranza.

Mi aggiravo in un mondo di figure di cera e inutilmente spiavo nei loro fissi sguardi di vetro, cercando di intravvedere la luce.
C'erano solo fiori finti dentro stanze grigie tappezzate di parole inutili: ricchezza, onore, gloria, celebrità.

C'erano tante bocche con mandibole meccaniche che recitavano litanie senza senso con una frenesia disperata.

Stavo male lì dentro.

Nessuno chiedeva il mio nome, nessuno mi guardava negli occhi, nessuno mi prendeva per mano.
Ero sola davanti a tante gabbie e sopra ognuna di esse c'era scritto: "GIOIA".

Non sapevo dove andare.

Ti avevo perduto e piangevo, mentre fantasmi gelidi mi passavano accanto.

Poi si è aperto un cancello e c'era verde fuori, c'era aria.

Sono uscita sotto il sole e nelle foglie che cantavano, nelle pozzanghere gonfie di cielo, nella tenerezza dei prati, nelle poesie degli alberi, nel canto dei torrenti, nei silenzi dei sassi e nella dolcezza della terra ti ho per sempre ritrovato.

(1972)

METEMPSICOSI

Ubriaca di musica mi affaccio alle finestre che si aprono sul bosco: tornerò, rivedrò i mille volti che nascono sempre sorridenti alle albe della mia mente.

Correremo inviolati su fili di polvere incontro al gran deserto dove profeti ed eroi sono già arrivati dopo aver cavalcato le stelle.

Sempre più lontano da me.

Il buon sorriso di chi aiuta senza castigare si frange contro le scogliere della solitudine.

Eppure, c'è sempre tempo per poter ritrovarti.

Io non desidero altro che di riposare sulla tua terra,
specchiandomi nei caleidoscopi del tempo.

L'inverno non è venuto e neppure Natale.

Nel fragore di cascate di sogni e di foglie strappate dal vento, rivivo canzoni dimenticate.

Nell'occhio del Re di Picche leggo la mia condanna che spicca nello statico furore del mazzo di carte.

Vedo e riconosco i lunghi attimi in cui ho dimenticato la mia nascita.

Ma non durerà.

Non durerà come non dura la morte che si trasfonde in vita nel letto del grande fiume dove tutto passa tornando a essere acqua che si disperde in cielo, in terra, in mare.

Questa canzone non fa male.

Nella vecchiaia rifiorisce la giovinezza e nell'infanzia alligna la decrepitezza.

Nascerò ancora.

(1972)

IL GRIDO DI FEBBRAIO

Aspetto con furia d'angelo questa primavera prematura che soffre le doglie della sua resurrezione.

Nel canale e nella strada si diffonde il tepore della luce, il buio ogni giorno trova nuovi ostacoli.

La rosa è marcita ancora prima di fiorire.

Mi tuffo in ogni pozzanghera che incontro e nuoto dentro l'universo.

Cresco insieme all'erba del cortile e mi disperdo nel viola acceso del tramonto che si mescola allo zucchero delle prime luci.

Molti hanno già cantato la loro pena sorda e scontato la vita.

Sento il crepitare dei germogli sotto questa scorza di cemento: domani saranno fiori sulla strada.

Questo lungo stemperarsi dell'attesa è il dolore di questa stessa anima che prende parte alla tragedia di stagioni capovolte e s'identifica col sole, vuole essere grandine e scardinare come il vento.
Non si è mai abbastanza per nessuno, neppure per se stessi.

(1972)

IL PROFUMO DEI TIGLI NELLE SERE DI GIUGNO

"Non si può essere seri a diciassette anni.
- Una sera al diavolo birra e limonate
E i chiassosi caffè dalle luci splendenti!
- Te ne vai sotto i verdi tigli del viale.

Come profumano i tigli nelle serate di giugno!
L'aria talvolta è così dolce che chiudi gli occhi;
Il vento è pieno di suoni, - la città non lontana, -
E profuma di vigna e di birra..."

Arthur Rimbaud da "Romanza"

Nella mia vita ho cominciato molto presto a sperimentare la perdita e l'assenza. Molti dei miei amici hanno scelto di morire giovani. Erano anni di profonde turbolenze sociali, storiche, politiche, era un continuo espandersi in territori sconosciuti, un danzare sul baratro, eppure al tempo stesso c'era una spensieratezza e una capacità di godere dell'attimo che non ho mai più sperimentato. Ogni individuo era l'artista della propria esistenza. Erano gli anni in cui lo splendore della caducità, accompagnato da un profondo senso di malinconia e di pienezza, compariva in opere cinematografiche come *"Vizi privati e pubbliche virtù"* (1975) di Jancsò, il *"Casanova"* (1976) di Fellini e il *"Don Giovanni"* (1979) di Losey.

La vita era un teatro su cui si andava perennemente in scena, in cui agivamo i nostri fantasmi interiori, a volte anche rischiando parecchio. Ricordo che per un periodo seguii dei corsi di animazione teatrale: furono in grado di tirare fuori da me energie che non sapevo neppure di possedere. Talvolta però avevo paura della mia intensità, delle risorse che si agitavano in me, mi sembrava di non essere in grado di governarle e contenerle.

Leggevo molto, confondendo la vita con la letteratura, la menzogna romantica con la verità romanzesca, erano stagioni in cui i tigli fiorivano nei viali nelle sere di giugno, emanando un profumo dolce e irresistibile che accendeva il desiderio di vivere mille avventure. Iniziava il periodo dei viaggi, del nomadismo dello spirito, delle sperimentazioni, tutte inclinazioni già presenti in me che ora erano amplificate da un'ardente sete di conoscenza.

Si ripudiavano le verità preconfezionate, i dogmi in cui eravamo stati cresciuti, il mondo era ben più ampio del nostro cortile. Talvolta, nell'allontanarsi dai luoghi comuni, si ricadeva in altri clichés desunti da modelli e stili di vita derivati dalla lettura di *"Walden, la vita nei boschi"* di Thoreau o da *"Big Sur"* e *"On the road"* di Kerouac. Si attingeva alle proprie risor-se interiori, cercando di vivere una saggezza e una santità capaci di coniugare insieme Oriente e Occidente.

Molti impazzirono per eccesso di santità.
Altri ancora sparirono per amore di viandanza.

Alcuni, convinti di poter cambiare il mondo, imboccarono le vie della rivolta e della lotta armata contro il sistema e finirono per essere annientati.

A me tutto questo non interessava.

Mi affascinava la dimensione simbolica della vita, ne riconoscevo le tracce disperse per il mondo, ero convinta che un'esistenza priva di simboli non fosse degna di essere vissuta. Iniziai a dedicarmi allo studio dei Tarocchi, in particolare quelli di Oswald Wirth, e alla lettura de I Ching, preziosi strumenti di divinazione che mi permettevano d'interrogarmi su quell'enigma inestricabile che è la vita. In fondo divinare attraverso la lettura dei tarocchi, far parlare i ventidue Arcani Maggiori nella loro complessità ambivalente, non è altro che affidarsi a un sistema induttivo, che saltando una serie di processi logico-razionali, arriva a una conclusione immediata e profonda. Accedere a quella foresta di simboli che respira dentro ogni figura dei Tarocchi ci permette così di creare il mondo attraverso il nostro sguardo.

Consultare l'oracolo dei Ching invece costituisce un vero e proprio approccio filosofico all'esistenza stessa. L'uso dei bastoncini o il lancio delle monete nella loro aleatorietà permette il configurarsi di esagrammi che divengono specchio della situazione in cui ci troviamo in un preciso momento della nostra vita. La profezia così si fa Arte, Poesia e Filosofia, configurandosi in un disegno simbolico.

NEL BOSCO

Noi dobbiamo inventare la nostra vita.
Noi dobbiamo creare le nostre azioni.
Noi dobbiamo diventare ciò che siamo.
La notte benefica cancella dalla fronte
i pensieri più infimi e ci offre una conoscenza dimenticata.
Un'orchestra di silenzi diversi comunica nel bosco
un messaggio che proviene da reami invisibili.
Esiste una neve che non si scioglie.
Furiosamente felice di poter camminare,
procedo nella macchia.
Mi dimentico in questo mio andare.
Il mio respiro anticipa la visione.
Come viandante m'inerpico su queste montagne e,
tra salite e discese, m'inebrio dell'odore del muschio
e dei disgeli.
Le radici degli alberi sono sprofondate nel sonno
ancora invernale.
Ma nel duro sguardo delle vette che mi trafiggono,
amaramente perdute nella loro superbia di cieli,
io procedo stringendo nelle tasche briciole di stelle e
promesse di rivolte, mentre tutto continua a essere uguale
sull'altopiano, dal grido dell'urogallo allo sbadiglio di
campane esauste, in un continuo, meraviglioso, ripetersi.

(1972)

I NON COMANDAMENTI

Se tu sei, vivi. E non pensare come.
Se non sei, inventati. Come ti pare.
Se soffri, dimenticati. È facile.
Se ami, regalati. Ha senso.
Se cadi, rialzati. Con forza.
Va' dove vuoi e inventa nuovi giorni.
Se gli altri ti tradiscono, non avvilirti.
Succederà spesso.
Ci si abitua a tutto.
Agisci oggi, mai domani.
Non guardare né indietro né avanti.
Guarda in te e cerca fuori quello che hai già dentro e cerca dentro quello che ti manca.
Inventa le persone come vuoi: sono parte di te e tu di loro.
Non cercare la felicità nell'avere: prova ad essere.
Non cercare la felicità nel prendere:
i fiori sono felici sul prato.
Crea ciò che ti manca.
Prova tutto.
Sperimenta
Sbaglia.
Ricomincia.
Perdi.
Spera.
Chiedi scusa.
Non odiare nessuno.
Dimenticalo.
Alla fine Dio lo trovi in ogni cosa.

(1972)

Nutrire aspirazioni

"Chi si mostra da sé non viene in luce,
chi si approva da sé non cade in vista,
chi si vanta da sé non ha valore,
chi si gloria da sé non sale in gloria."

Lao Tzu

Tanto tempo fa, quando vivevo ancora a Padova, ho abitato per alcuni anni da sola in una mansarda che si affacciava sui tetti, in prossimità della Basilica del Santo. Era il periodo in cui avevo cominciato a lavorare nelle scuole di campagna come insegnante e il vivere da sola, in piena indipendenza e autonomia era per me un'esperienza nuova, stimolante e creativa.

Dopo le ore di scuola, tornavo a casa e mi isolavo nella mia Turris Eburnea, leggendo e studiando ciò che attraeva la mia curiosità intellettuale. Soddisfatta di questa mia nuova condizione, mi sentivo libera di approfondire i temi che mi interessavano a mio piacimento. Mi dedicavo allo studio dell'esoterismo, studiavo i testi di René Guénon, Eliphas Lévi, Oswald Wirth, Peter Ouspensky, Georges Gurdjieff.

La loro visione del mondo, magica e complessa, mi affascinava immensamente. Stavo scrivendo anche un romanzo, ambientato in Spagna intorno al Mille, la cui stesura mi coinvolgeva profondamente e il cui titolo era *"Azrael de Fuenterrubia"*. Era una sorta di romanzo d'iniziazione in cui il protagonista, Azrael, nato dagli amori di un cavaliere spagnolo Manuel, con una principessa araba, Leyla, morta nel darlo alla luce, giungeva con il padre al castello di Fuenterrubia

dove vivevano la moglie di Manuel, Blanca e i suoi due figli legittimi, Ramiro e Urraca.
Azrael cresceva tra quelle mura, ma si sentiva inquieto, a causa del suo sangue misto in cui si azzuffavano due stirpi, due mondi, due culture e, cresciuto, partiva alla ricerca della sua identità. Il suo viaggio era lungo, complesso, pieno d'insidie e d'agguati, una sorta di vera e propria iniziazione spirituale che culminava con l'incontro con una misteriosa e affascinante donna vestita di nero, Soledad. Tra i due sbocciava un amore intenso, ma proprio dopo averla incontrata e riconosciuta come la sua Amata, Soledad spariva e il viaggio di Azrael alla ricerca delle sue origini si confondeva con la ricerca ansiosa e inesausta di Soledad. Questa storia mi coinvolgeva profondamente e a tratti m'identificavo con le vicende che raccontavo, come se stessi scrivendo il romanzo della mia vita. Scendevo nel mondo solo per andare a lavorare o per rapidi scambi, solo quelli che reputavo indispensabili e solo con persone con le quali mi sentivo in sintonia.

Stavo bene, ero soddisfatta di me stessa, un po' inquieta forse, ma di quell'inquietudine che è sempre stata la musica di sottofondo della mia vita; nel complesso mi sentivo saggia, consapevole, al riparo. Con la sconsideratezza un po'arrogante della giovinezza, credevo d'aver già conosciuto e sperimentato quasi tutto. Allevavo in una gabbia delle cocorite, che ai primi albori del giorno cominciavano a strepitare furiosamente, incessantemente e che curavo con grande dedizione.

Era un periodo in cui m'interessavo molto ai volatili. Vivevo proiettata nel loro universo, mi sentivo parte della loro esistenza, e le cocorite quasi per ringraziarmi delle cure, avevano nidificato e si erano riprodotte, pur se in cattività. Mi piacevano questi esseri aerei, che consideravo creature celesti, messaggeri angelici. Presa da empatia ornitologica, avevo cominciato anche a dar da mangiare a dei passeri che vedevo saltellare affamati sui tetti e lasciavo per loro ogni giorno briciole di pane sul davanzale della finestra.

Con soddisfazione verificavo che le mie offerte giornaliere di cibo erano ben accolte, a giudicare dalla velocità con cui le briciole sparivano. Una sera, dopo mesi che perdurava questa mia abitudine, mi affacciai alla finestra della cucina lì dove ero solita lasciare le briciole per gli uccellini e con doloroso stupore mi accorsi che questa brulicava di una moltitudine di topi. Colonie di topolini vivaci e ben nutriti correvano allegramente verso il loro pasto serale, quello a cui li avevo abituati con regolarità.

Avendo cibo garantito ogni giorno, si erano riprodotti in quantità industriale, moltiplicandosi e diffondendosi anche nelle soffitte vicine. In quel momento ebbi un'illuminazione: compresi come la mia vanagloria e la sciocca superbia intellettuale di quel periodo mi avessero fatto credere di coltivare sentimenti elevati, apprezzabili virtù, alate ambizioni, mentre invece non avevo fatto altro che alimentare i miei istinti più bassi e terrestri, le mie più squallide e meschine presunzioni. Credevo di nutrire creature celesti, alate e invece non avevo fatto altro che pascere topi.

Mi risollevai però quasi subito dallo sgomento iniziale, perché mi ero resa conto di un fatto fondamentale: non era importante a chi fosse destinato il cibo, l'importante era stato poter offrire nutrimento!

Non ci sono aspirazioni elevate e altre deprecabili, né esseri più degni e altri meno, l'importante è comunque dare!!!

Dialogare con l'ombra

"Chi è il terzo che sempre ti cammina accanto?
Se conto, siamo soltanto tu ed io insieme
Ma quando guardo innanzi a me lungo la strada bianca
C'è sempre un altro che ti cammina accanto
Che scivola ravvolto in un ammanto bruno, incappucciato
Io non so se sia un uomo o una donna
– Ma chi è che ti sta sull'altro fianco?"

T. S. Eliot da "La Terra Desolata

Per chi non teme di investigare i territori dell'invisibile, il dialogo con l'Ombra offre un tesoro di opportunità. Già Carl Gustav Jung sottolinea quanto nella sua ricerca sia importante, per la crescita spirituale di un individuo, la capacità di riconoscere, di accogliere e integrare la propria Ombra.

L'Ombra spesso è la rappresentazione di ciò che non vogliamo accettare di noi stessi e finiamo per proiettare sull'Altro, che diviene così specchio delle nostre paure e delle nostre angosce.

Senza l'Ombra non possiamo vivere e lo sa bene Peter Schlemihl, protagonista del romanzo di Adelbert Von Chamisso "*La storia straordinaria di Peter Schlemihl*" in cui il protagonista vende la propria ombra al Diavolo in cambio della ricchezza e che finirà per pagare duramente questa sua decisione. L'ombra che proietta il nostro corpo è un bene importante ed è anche la testimonianza inoppugnabile che siamo vivi. I Vampiri non riflettono la loro ombra e i morti neppure.

Dante, nel suo viaggio nell'Oltretomba, essendo vivo, è accompagnato dalla sua ombra, e questo provoca scompiglio tra le anime dei trapassati: paradossalmente, nel regno delle ombre, sono i vivi, in grado di proiettare la loro ombra, a generare timore. I libri magici di stregoneria sono chiamati Libri delle Ombre e in essi è raccolta la conoscenza dei segreti dell'Universo. Dialogare con l'Ombra è quindi una grande opportunità che offre nuove possibilità di consapevolezza, permettendo di riconoscere la dimensione poetica del mistero che appartiene a ogni uomo.

Eppure, oltre all'Ombra, avvolto in un manto oscuro, incappucciato e irriconoscibile, c'è sempre un Altro che cammina con me. Solo uno sguardo obliquo mi permette di intuirne la Presenza, ma non di metterla a fuoco.

Questa Presenza mi consente di accedere al Mistero, di percepirne la forza e la portata in lampo di consapevolezza. È quel *"tertium non datur"* di cui parla la filosofia scolastica e che invece si dà. Sempre tra due ipotesi contrapposte è inclusa una terza possibilità che le trascende.

È quel Viandante che cammina, sconosciuto, sulla via di Emmaus, al fianco dei due apostoli, troppo assorbiti dal dolore per la morte di Cristo e per questo incapaci di vederlo. Quante volte al nostro fianco cammina questo terzo Viandante, senza essere riconosciuto, ma presente e capace in un gesto, un silenzio, uno sguardo, di rivelare mondi, anche se noi purtroppo non siamo in grado di accorgercene.

In questa Presenza Altra, che non si palesa, ma che continua a camminare al nostro fianco, sta racchiuso il segreto dei nostri tempi inquieti e la chiave per comprenderli.

VOCI DAL PROFONDO

La marea montante e oscura
D'identità spezzate
La moltitudine franta
Che contiene universi
Sono il suono che fa in me
Questo silenzio in continua espansione

Cogliere con la lucidità
Che solo i folli possiedono
La varietà di conchiglie colorate
Gettate sulla riva dal divenire incessante

Conoscere le loro forme complesse
I loro nomi seducenti e oscuri
Ascoltare l'eco dei marosi
E benedire in questa stessa molteplicità
Il frutto incerto del proprio andare

Noi non siamo uguali
Siamo l'eterna differenza
La diaspora la perenne distanza
Dispersione luminosa di comete
In notti siderali il pianto di stelle torride
Il vapore denso di nebbie inestricabili

Noi siamo e vogliamo essere
L'asimmetria del passo
La stortura la balbuzie l'inceppo
L'inganno e la caduta
La renitenza e il sottrarsi

Coltiviamo dubbi e incertezze
Alimentandole come fuochi freddi

Frutto di mille perdite e di continui agguati
La nostra rotta si svia sfilacciandosi in mille modi
Nel ritirarsi continuo del pensiero
Nell'opacizzarsi dello sguardo
Ci annientiamo reciprocamente

Impariamo a guardare in faccia il male
Almeno per un'ultima volta
Senza una consolazione senza una promessa
Accettiamo di non essere

Solo senza salvezza potremo salvarci
Disancorandoci da ogni appiglio illusorio
E cadendo nel buio consapevolmente
C'inabisseremo lieti in oceani sconosciuti

Frammentariamente percepiamo il mondo e frammenti sono le nostre immagini disperse per il mondo: non siamo altro che piccole pietruzze di un caleidoscopio infinito che si compongono e scompongono in disegni sempre nuovi.

Ma la nostra Ombra, radicata sotto i nostri piedi, ci accompagna ovunque andiamo: perciò non siamo mai soli.

Camminiamo sempre con lei e con l'Altro.

Coltivare il fuoco

"Il fuoco non ha più fumo quando è diventato fiamma."

Rumi

Nel mazdeismo iranico, il Fuoco gioca un ruolo fondamentale.

Anni fa ho visitato a Yazd un tempio zoroastriano e ne sono rimasta profondamente colpita. Pur essendo stato costruito nel 1934, al suo interno era acceso un Fuoco sacro che si dice arda ininterrottamente dal 470 d. C. e che è stato trasferito lì da altri luoghi sacri. Ho trovato impressionante l'idea che questo Fuoco continuasse a bruciare senza mai spegnersi da così tanti anni mentre nel mondo accadevano profondi cambiamenti di ogni genere.

Nel mondo preistorico era fondamentale conservare acceso il fuoco che era prodotto accidentalmente da un fulmine, in quanto gli uomini non avevano ancora imparato a produrlo autonomamente. Ho sempre sentito il Fuoco come il mio elemento, e mi ha sempre incantato la sua bellezza e energia. Eppure, bisogna ricordare che il fuoco ha una duplice valenza: se da una parte riscalda e illumina e permette di cucinare il cibo, dall'altra può incenerire e devastare, ustionare e distruggere. Nella religione zoroastriana c'è un Fuoco ahrimanico, distruttore, e un Fuoco che invece eleva il livello di coscienza, il Fuoco sottile di Ahura Mazda.

Come non pensare agli incendi che dilagano frequenti in tutto il mondo per incuria e disattenzione e che sono per lo più di origine dolosa? Sono fuochi distruttori e infernali. La siccità favorisce le fiamme e una coscienza annebbiata non è in grado di domare il fuoco.

FIAMME

Nel vuoto del Cosmo
si apprende il mistero
del Fuoco
La luce brucia
o illumina
riscalda
o ustiona
dipende dallo sguardo
e dal metodo
Il Fuoco va coltivato
va tenuto acceso
a lui bisogna tributare
sacrifici
se tu lo ignori
ti devasta
se lo umili
la sua vampa erompe
L'arte del Fuoco
è un'arte che si esercita
nella misura e nella devozione
ogni eccesso o mancanza
sono fatali
Se sei fiamma
puoi appiccare incendi
o rischiarare la notte
Riparti dalla scintilla

da quella segreta luccicanza
che dorme tra le ceneri
e che indica sentieri nascosti
conserva il Fuoco acceso
per i tempi a venire
se non vuoi che Siccità
dilaghi inaridendo tutto

Il Fuoco è in grado di produrre un'energia che può essere devastante se non è imbrigliato dall'intelligenza, mentre, se temperato, può alimentare il potere e rafforzare lo spirito.

Il mito occidentale di Prometeo che ruba il Fuoco agli Dei per portarlo agli uomini non è concepibile nel mazdeismo. Per gli zoroastriani il Fuoco e la Luce sono un dono divino riservato agli uomini che si alleano con le potenze celesti per combattere quelle infernali. Ahura Mazda ha bisogno dell'aiuto degli uomini e di creature celesti per difendere il regno della luce dalle forze distruttive di Ahrimane.

Questa lotta si perpetuerà fino alla fine dei tempi.

Il credente zoroastriano si sente come un cavaliere che combatte al fianco del Signore della Luce: in questo scenario non è neppure considerata la possibilità di tradire o di abbandonare la lotta. Il fuoco, nella sua duplice valenza, rende visibili le forme, anche se non ha forma in sé, è sublime e tremendo, apre la nascita del Cosmo e la chiuderà secondo il pensiero degli stoici (ecpirosi). Nella religione cristiana è legato allo Spirito Santo, ma anche al Regno infernale.

Le sue relazioni simboliche sono molteplici in tutte le religioni e la sua forza trasformante può annientare, ma anche innalzare il livello di consapevolezza, è l'Amore che in forma di fiamma fa ardere il cuore.

Nell'immagine del cuore in fiamme si esprime l'essenza e la potenza vitale del Fuoco.

Due figure-emblema: Adriano l'imperatore e Zenone l'alchimista

"I nostri rapporti con gli altri non hanno che una durata; quando si è ottenuta la soddisfazione, si è appresa la lezione, reso il servigio, compiuta l'opera, cessano; quel che ero capace di dire è stato detto; quello che potevo apprendere è stato appreso. Occupiamoci ora di altri lavori."

Marguerite Yourcenar

Nella mia ricerca d'immagini e punti di riferimento sono rimasta affascinata da due grandi figure scaturite dalla penna di Marguerite Yourcenar, autrice profondamente intellettuale e originale: l'imperatore Adriano e l'alchimista Zenone. La sua opera, vasta e sfaccettata, offre tantissime occasioni per riflettere sul senso dell'esistenza e sul valore dell'autobiografia e della biografia, ma questi due personaggi in particolare mi hanno colpito per la loro diversità e complementarità.

Rappresentano due modi diversi di affrontare la vita e di sviluppare il carattere. Per me sono stati occasione di riflessione sul mistero della natura umana.

"Memorie di Adriano", 1951 e *"L'Opera al nero"*, 1968 sono due capolavori.

Marguerite Yourcenar in questi due romanzi racconta la vita di due uomini eccezionali: il primo realmente vissuto, il secondo frutto della sua immaginazione, ma non per questo meno credibile.

Si tratta di due figure dalla personalità ricca di sfumature che nel corso della loro vita attraversano molteplici esperienze e acquisiscono vaste conoscenze.

Adriano e Zenone si assomigliano per levatura intellettuale, ma posseggono due temperamenti ben diversi e diverso è il loro modo di reagire agli eventi, come del resto differente è il momento storico in cui vivono. Adriano è un uomo del mondo tardo antico, possiede un temperamento più sanguigno, è più influenzato dalle emozioni immediate ed è più incline a cedere davanti alle avversità. Zenone invece è un uomo del Rinascimento nordeuropeo, la sua fibra è indistruttibile, è più freddo, più intellettuale. Sa di vivere eternamente in pericolo, la sua visione del mondo è ascetica, disincantata e questo lo rende quasi invulnerabile, permettendogli di adeguarsi alle circostanze, anche a quelle più ostili.

Il tema natale di questi due uomini è dominato da astri differenti: Adriano appartiene alla costellazione dell'Acquario e il suo approccio all'esistenza è generoso, esuberante; il suo emblema è quello di un uomo nobile che riempie la coppa dei convitati, un'immagine che rappresenta la compassione che porta con sé l'abbondanza. Zenone nasce sotto il segno dei Pesci, il cui emblema è un angelo circondato da fiamme, figura che esprime l'amore per la vita dello spirito in mezzo alle delusioni e alle circostanze avverse.

Mentre Adriano non disdegna di consultare fattucchiere, maghe e negromanti e crede ai presagi, Zenone manifesta in merito a queste pratiche un atteggiamento scettico e disincantato: pur affermando che tutto è magia e sapendo che ogni cosa è influenzata da un'altra, si rende conto della complessità degli avvenimenti e dell'impossibilità di trovare una risposta univoca, una soluzione definitiva.

Egli non disdegna di manipolare gli oroscopi per renderli propizi agli interessati, assecondando così le loro aspettative dal momento che non crede all'astrologia. *"Astra inclinant, non necessitant"* potrebbe essere un suo motto.

Adriano ha una personalità che matura lentamente: prima di diventare imperatore i suoi esordi sono difficili, poi, quando sale al potere, si rivela una geniale figura d'innovatore, di riformatore, la sua intelligenza è lucida e duttile, è un uomo capace di amare e di soffrire.

Zenone, curioso sperimentatore in ogni campo della conoscenza umana, è sicuro delle sue idee e dei suoi obiettivi, ma nelle relazioni con gli altri è distaccato, sa che le persone esistono solo come manifestazioni passeggere e il suo continuo non esprimere le emozioni finisce per sbiadirle o cancellarle.

Ciò che accomuna Adriano e Zenone è la consapevolezza di vivere in un mondo in sfasciume, tra persone che non sono in grado di comprenderli: entrambi esercitano di malavoglia la loro parte nel mondo, pur accollandosi le responsabilità richieste dal ruolo che ricoprono. Adriano vive nel periodo dell'età d'oro dell'Impero, anche se sono già presenti i segni della decadenza, mentre Zenone vive nel Belgio del sedicesimo secolo, in un periodo in cui si diffondono le eresie e le conseguenti persecuzioni. Adriano governa e combatte, pur sapendo che l'impero è avviato al declino, mentre Zenone cura i corpi, per restituire loro la salute, pur sapendo che le anime sono afflitte da malattie insidiose e subdole contro le quali ogni farmaco è impotente.

Sono entrambi due uomini consapevoli del naufragio e nonostante questa consapevolezza, continuano ad agire come se questo non avvenisse. Adriano e Zenone costituiscono due poli complementari della personalità umana: il lato solare, la luce e l'oro che si esprime nella figura dell'Imperatore, il lato notturno, oscuro, saturnino e malinconico che viene rappresentato nella figura del Medico e dell'Alchimista.

Ma se, come scrive Marguerite Yourcenar nell' *"Opera al nero" "Dal nero della cenere al rosso dell'aurora c'è solo un passo"*, questi due uomini in realtà possono rappresentare due fasi di sviluppo differenti della personalità umana. Per certi aspetti mi sento più affine a Zenone, anche se non ho la sua freddezza, mi affascina la sua capacità di esercitare l'arte del distacco, la sua capacità di sottrarsi a un mondo nel cui modo di operare non riesce a riconoscersi. Adriano mi piace per la sua onestà e il suo rigore nel sobbarcarsi il ruolo non facile d'imperatore e amo la sua disaffezione nei confronti del potere.

In questo periodo storico così fragile e tormentato mi sembra interessante riflettere sul carattere e le scelte di questi due grandi personaggi, in quanto considero Adriano e Zenone due figure-emblema di resistenza contro la marea montante del Nulla.

Adriano

"Più sincero della maggior parte degli uomini, confesso senza reticenza le cause segrete di questa felicità: quella calma, tanto propizia alle opere e alle discipline dello spirito, mi sembra uno degli effetti più belli dell'amore."

Marguerite Yourcenar da "Memorie di Adriano"

Nel 1948 Marguerite Yourcenar recupera un vecchio baule di sua proprietà dal quale affiora una brutta copia di alcune pagine riguardanti *"Memorie di Adriano"* che risalgono a un vecchio progetto abbozzato anni prima. Nel baule c'erano anche un paio di libri riguardanti la vita dell'Imperatore; subito l'autrice si sente fortemente determinata a riprendere il progetto per realizzarlo e inizia a lavorarvi assiduamente.

Era difficile che un uomo dell'antichità tenesse un diario intimo: pertanto per dare al fluire delle memorie una forma organizzata, sceglie la forma del monologo, o meglio, della confessione epistolare con la quale il protagonista si rivolge a Marco Aurelio che gli succederà nel governo dell'impero dopo Antonino Pio.

Perché Marguerite Yourcenar sceglie di scrivere su quest'Imperatore? Adriano compare nel romanzo di Marguerite Yourcenar come un uomo di sessantadue anni che sta cominciando a invecchiare e a morire, perciò osserva quanto ha compiuto e sofferto da una prospettiva distaccata.
Egli dice, a proposito della sua condizione:

"Vi sono già zone della mia vita simili alle sale spoglie d'un palazzo troppo vasto, che un proprietario decaduto rinuncia ad abitare per intero."

Inoltre Marguerite Yourcenar conosceva bene Villa Adriana, la residenza dell'imperatore, che aveva visitato insieme al padre a vent'anni e la conosce anche attraverso alcune vedute di Piranesi che l'hanno fatta a lungo sognare e fantasticare. Per scrivere questo libro dice di aver adoperato quello che chiama "metodo di delirio" o meglio, "metodo di contemplazione", che consiste nel lasciarsi investire completamente dal personaggio, nel fare un vuoto mentale eliminando tutto ciò che si dà per acquisito, insomma, sceglie di *fare tabula* rasa di tutto. Applica quasi il metodo di una disciplina orientale, che consiste nel fissare il proprio pensiero sul Nulla. Questo lavoro l'ha impegnata per tre anni e ne è uscito il libro che è considerato il più rappresentativo tra le sue opere.

"Memorie di Adriano" si può definire uno studio sul destino di un uomo che diventa imperatore e questa esperienza, invece di inorgoglirlo, gli permette di staccarsi da ogni brama di potere e d'imparare ad allontanarsi dall'orgoglio e dall'avidità. Pur essendo un grande imperatore, ha conosciuto il dolore di un matrimonio deludente con Sabina e quello della morte oscura di Antinoo, l'essere che più ha amato al mondo.

Attraverso la sua vita comprendiamo che essere padroni di un impero non pone al riparo dal limite e dallo scacco. Per questo il suo congedo dal mondo è fortemente toccante e consapevole, come testimoniano questi suoi versi:

"Piccola anima smarrita e soave,
compagna e ospite del corpo,
ora t'appresti a scendere in luoghi incolori,
ardui e spogli,

ove non avrai più gli svaghi consueti.
Un istante ancora,
guardiamo insieme le rive familiari,
le cose che certamente non vedremo mai più...
Cerchiamo d'entrare nella morte ad occhi aperti..."

Zenone

"La castità, che da giovane aveva considerato una superstizione da combattere, gli appariva ora uno dei volti della serenità: assaporava la fredda conoscenza che si ha degli esseri quando non li desideriamo più."

Marguerite Yourcenar da "L'Opera al Nero"

Anche il progetto di questo libro, come *"Memorie di Adriano"* risale alla prima gioventù di Marguerite Yourcenar e la sua stesura è stata interrotta e ripresa più volte. *"L'Opera al nero"* costituisce un romanzo corale, il quale evoca il disordine e i conflitti che travagliano l'Europa cattolica e quella protestante nel corso del Cinquecento.

È specchio della condizione umana vissuta attraverso una serie di avvenimenti storici cruenti e ruota intorno alla figura di Zenone, la cui nascita illegittima avviene a Bruges, nel cuore dell'Europa mercantile agli inizi del Cinquecento.
Figura affascinante di medico, alchimista, filosofo, è un curioso ricercatore, appassionato di ogni esperienza che lo conduca lontano, verso nuove conquiste del sapere e della conoscenza. Questa fiamma intellettuale non lo abbandona mai, portandolo a investigare i misteri del corpo umano, la circolazione del sangue, gli arcani dell'alchimia, facendogli curare gli appestati durante una devastante epidemia, mettendolo apertamente in conflitto con la medicina e la scienza ufficiali, rendendolo un ribelle, un non allineato, un sovversivo per eccellenza che alla fine sarà arrestato come eretico. Marguerite Yourcenar in un primo tempo aveva pensato di dare a questo libro il titolo *"La Notte Oscura"*, ma

le sembrava che rientrasse troppo nell'ambito mistico, religioso, a cui Zenone non appartiene, anche se ne apprezza alcuni esponenti, come la figura del Priore dei Cordiglieri di Bruges, che resta fedele, nonostante tutti i suoi dubbi, alla fede e all'impegno che ha abbracciato.
Zenone definisce il suo ruolo nella società con queste parole:

"...tastavo polsi, esaminavo lingue, studiavo urine, non anime... Non spetta a me decidere se un avaro in preda ad una colica merita di durare dieci anni di più o se è bene che quel tiranno muoia. Il peggiore e il più sciocco dei nostri pazienti ci istruiscono ancora e la loro cancrena non è più infetta di quella di un furbo o di un giusto. Ogni notte trascorsa al capezzale di un malato qualunque mi riproponeva certi interrogativi lasciati senza risposta: "Il dolore a che serve? È benigna la natura o è indifferente? E l'anima sopravvive al naufragio del corpo?"

Zenone conduce un'esistenza oscura, viaggiando attraverso l'Europa e il Levante, sempre in bilico, consapevole dei rischi che corre e della precarietà della buona e della cattiva sorte. La sua figura ricorda quella di alcuni personaggi storicamente esistiti come il grande chimico Paracelso, Michele Serveto, medico appassionato alle ricerche sulla circolazione del sangue, l'anatomista Vesalio, il matematico e filosofo Gerolamo Cardano, tutti all'incirca suoi contemporanei, come del resto lo erano anche Tommaso Campanella e Giordano Bruno.

Interessante è il rapporto che Zenone ha con il cugino Henri-Maximilien, un avventuriero amante delle lettere che si forma attraverso molteplici esperienze della vita. Mentre Zenone rappresenta il tipo freddo e cinico dello sperimentatore nei campi dello spirito, l'altro, di temperamento più sanguigno, sceglie il mestiere delle armi per realizzare le sue aspirazioni. I due cugini, le cui vie s'incrociano di tanto in tanto per le strade d'Europa, riescono a intavolare sempre conversazioni disinvolte e interessanti, suscitate dall'antica consuetudine e dalla diversità dei loro campi d'esperienza.

Zenone è un anticipatore dei tempi, consapevole della frammentazione e moltiplicazione dell'io che caratterizzerà l'uomo dei tempi a venire e questo lo si può cogliere in un passo in cui osserva la sua immagine in uno specchio composto da innumerevoli specchietti convessi:

"... vi scorse venti facce compresse e rimpicciolite dall'ottica, venti immagini d'un uomo in copricapo di pelliccia, dalla carnagione smunta e giallastra, dagli occhi lustri che erano essi stessi specchi. Quest'uomo in fuga, rinchiuso in un mondo tutto a parte, gli ricorda l'ipotesi del greco Democrito, una serie infinita di universi identici ove vivono e muoiono una serie di filosofi prigionieri. Questa fantasticheria lo fece sorridere amaramente. I venti piccoli personaggi dello specchio sorrisero anch'essi, ognuno per conto suo. Li vide poi volgere a metà il capo e dirigersi verso la porta."

Zenone morirà aprendosi le vene, per libera scelta, come aveva vissuto, eludendo ancora una volta i suoi persecutori, che dopo averlo incarcerato credevano di poter condannarlo a morte. Sparirà nel mistero che l'ha sempre avvolto. Le ultime parole di Marguerite Yourcenar per lui sono:

"Non oltre è dato andare nella fine di Zenone"

Queste parole ci insegnano il rispetto e il distacco che si deve mantenere nei confronti dell'esistenza umana. *"L'Opera al Nero"* ci racconta come la trasmutazione della materia sia sempre in atto: gli alchimisti più avveduti sapevano che la trasmutazione dei metalli è solo una metafora per indicare la trasformazione interiore dell'uomo, che attraverso l'esperienza della morte e dell'annientamento, perviene a nuovi livelli di consapevolezza, fino a raggiungere la Sapienza Divina costituita dall'Oro Filosofico.

Questa però è tutta un'altra storia.

Animus

"Se vai dal pensiero, porta il cuore con te. Se vai dall'amore, porta la testa con te. Vuoto è l'amore senza il pensiero, vuoto il pensiero senza l'amore."

Carl Gustav Jung da "Il libro rosso"

Ci sono presenze invisibili che ci conducono, ci ispirano e consigliano. Non si può pensare di conoscere il mondo se non sappiamo tornare in noi stessi e ascoltare la voce della nostra Guida. L'incontro con la propria Anima, col proprio Animus, può illuminarci o travolgerci. A volte ce ne allontaniamo, pur continuando a sentirne la presenza.

LEGAMI

Viviana a Merlino

Nella foresta profonda
alle radici della grande quercia
mi hai chiamato
quando ero ancora bambina
le parole che ci siamo detti
erano magiche
nessuno all'infuori di noi
era in grado di comprendere
il nostro linguaggio segreto
ti ho chiuso nella stanza di cristallo
sciogliendo i miei capelli per te

sciogliendo per te il mio canto
per te solo che appaghi
il mio desiderio di conoscenza infinito
ti ho catturato con le ragnatele
della mia arte
sei rimasto invischiato
nei nostri momenti
niente è più come prima
né il colore dell'autunno
né la pioggia
e nemmeno il profumo del mare
tu mi manchi
ed è per questo
che ti ho lasciato
avevo in me tutta la tua scienza
avevo in me tutte le tue parole
di cos'altro avevo bisogno?
ora sei l'ombra del ragno
appeso alla luna
ora sei la voce che rimbomba
nella valle
il fantasma che precede
i miei passi
non ci sono risposte
ma solo formule segrete
continui a mancarmi
e non me ne faccio una ragione
continuo a dimenticarti
e tu continui ad esserci

da "Quanto dista Finisterre?" Supernova, 2020

In ogni donna c'è un uomo e in ogni uomo c'è una donna. È quello che Jung chiama Animus e Anima. Conteniamo un io demoniaco, che non ci somiglia, ma che ci è affine per qualche oscuro motivo. L'Amore e la propensione verso l'Altro sono frutto di questa proiezione del nostro Animus, della nostra Anima. Il mio Animus è complesso: è la figura di un uomo antico, barbuto, saggio, è la figura di un filosofo che ha conosciuto mille contraddizioni e ha combattuto per tutta la vita con i suoi fantasmi. Non è una saggezza serena, quella che ha conquistato, ma una sapienza remota con cui si misura costantemente, cercando di trovare un equilibrio sul terreno franoso della vita.

Il mio Animus mi parla: dialogo con lui e il suo sguardo sa vedere ben più in là di me, proprio perché ha conosciuto molte più devastazioni delle mie. Conosce e consiglia, è autorevole e sapiente. È uno Psicagogo che educa il mio spirito.

Ho sempre cercato fuori quello che avevo dentro. Ora invece lo so, posso andare a trovarlo quando desidero. Apro la porta di un altro mondo e scendo lungo una ripida scala a chiocciola per entrare nella sua stanza, dove il mio Animus mi attende.

"Sei qui" mi dice.
"Sì" gli rispondo.
Ci sediamo in silenzio una accanto all'altro.

Il mio Animus è un Filosofo della Magna Grecia
e non è illeso, ha conosciuto tutte le tempeste della vita, tutti i suoi sbandamenti, tutti i suoi malesseri.
Distilla la conoscenza che deriva dal salire e
dallo scendere incessanti.
Il mio Animus è un Mago, un Veglio autorevole,
un Saggio Mediorientale.
Il mio Animus è più vecchio e più saggio di me
e conosce i misteri dell'Opus Alchemicus.
Il mio Animus è un Maestro che mi indica la Via.
Eppure, al tempo stesso il mio Animus

è un Giovinetto Immortale.
È il Dio Ibrido del teatro e della tragedia.
È lo Straniero che giunge improvviso a stravolgere ogni certezza con la forza della sua Luce.
È il figlio della Folgorata, nato prematuro, sempre acerbo.
Giunge inaspettato a suscitare il disordine.
È colui per il quale le donne abbandonano i fusi e i telai.
M'insegna ad andare Oltre. A oltrepassare.
Il mio Animus è un Vecchio sapiente
e un Adolescente perenne.

UT AURORA CONSURGENS

Se l'idea dell'amore si bagna dove può
Allora io ho nuotato in molti mari
Soltanto per rimanere fedele a me stessa

Mio fratello, mio sposo
Sono sempre stata pronta a celebrare
La nostra festa
Sugli altari dell'istante

Non ho ceduto agli attacchi sferrati dal mondo
Ma spietatamente adamantina
Ho brillato della mia medesima luce
Lampada a me stessa

Dicono che l'amore sia il talento della donna
Ma io dico che il talento della Donna è Amore

Perché solo il mobile e il volatile

Contrastano il fisso e l'amorfo

La festa dello Spirito si espande
Nel soffio del suo andare imperscrutabile

Mio fratello, mio sposo
Quante città ho visitato con te
Quante strade quante piazze
Abbiamo percorso insieme
Con l'anima in festa
Lieti di scoprire la parola nuova
Il segno, l'epifania

Come bambini che giocano
Sulla riva del mare
Tu mi portavi le tue conchiglie
Le pietruzze i sassolini
Minuzzaglie d'infinito

Insieme inventavamo mondi
Esploravamo universi

Tu per me sei stato la stagione
Piena e perfetta
Della festa della vita

Ed oggi, pur nella distanza,
tengo acceso il fuoco

Viaggi

"I veri viaggiatori partono per partire e basta: cuori lievi, simili a palloncini che solo il caso muove eternamente, dicono sempre "Andiamo", e non sanno perché. I loro desideri hanno le forme delle nuvole."

Charles Baudelaire da "Il Viaggio"

Quand'ero bambina soffrivo di mal di macchina e non amavo viaggiare: chi l'avrebbe detto che da grande sarei diventata una viaggiatrice accanita e indefessa? Ho viaggiato in tutti i modi: per terra, per cielo e per mare, a dorso di dromedario e di cammello, a cavallo, in barca a vela, in caicco, a piedi, in tram, in aereo, in treno, in automobile; sono arrivata in tantissimi luoghi remoti che col tempo e le mutate condizioni storiche e politiche sono divenuti irraggiungibili.

I viaggi nascono in noi prima nel desiderio, nell'immaginazione: ci innamoriamo del nome di una città, di un luogo che diviene per noi una sorta di parola magica e ci riempie di meraviglia e bellezza. Ripetiamo questo nome come un mantra, fino a quando, come per magia, questo suono prende sostanza e all'improvviso ci ritroviamo in quel luogo tante volte sognato, a camminare sotto il cielo di una città bianca sul mare, ne respiriamo gli aromi, ne ascoltiamo i suoni, i rumori, il fervore che la anima. Quante volte il viaggio inizia prima di partire, nella mente e nel cuore!

In fondo in questi luoghi siamo già stati in altri tempi, in altre dimensioni e il ritrovarli sprigiona in noi una felicità intensa, che crea una perfetta armonia tra i sensi e l'immaginazione. Il primo viaggio che ho compiuto fuori dall'Europa è stato in Marocco e da allora questo paese è sempre rimasto in me come immagine viva e luminosa d'incomparabile bellezza. Ero arrivata in Marocco per mare, attraversando lo stretto di Gibilterra, e appena sbarcata al porto di Tangeri mi ero avvicinata a un cespuglio di oleandro bianco, ne avevo annusato il profumo, dolce, intenso, esotico: in quell'essenza ho sentito venirmi incontro tutto il Nordafrica con le sue promesse e le sue infinite seduzioni.

Da allora ho compiuto moltissimi viaggi, ho visto le steppe uzbeke, l'oro e l'azzurro delle moschee di Samarkanda, le costruzioni traforate e arroccate di Sana'a, Machu Picchu e i suoi imperscrutabili misteri, la discesa della Dea Ganga scolpita sulla pietra a Mahabalipuram, le estensioni infinite della pampa in Patagonia, mi sono immersa nel ritmo vivo della musica a Cuba, l'isola che danza, ho ammirato i fasti di San Pietroburgo, della Muraglia Cinese, del Kremlino che Cendrars paragonava a un immenso dolce di Tartaria, ho percorso il deserto dell'Akakus, vissuto il fascino pericoloso e selvaggio di Socotra, visitato i tumuli d'Irlanda. Ho visto i ghiacci, i fuochi e gli arcobaleni d'Islanda, nuotato nei fiordi dell'Oman, sono salita sui picchi sacri dedicati a Buddha nello Sri Lanka, ho visto le radici di alberi centenari avviticchiarsi ai templi di Angkor, ho liberato una colomba che si è diretta in volo verso il monte Ararat. Al Cairo sono entrata nelle piramidi, le moschee, le chiese copte, ho navigato a lungo sul Nilo, ho visto l'esercito infinito di terracotta di Xian, i cormorani di Guilin, la Città Proibita di Pechino, ho visto il Lago Toba a Sumatra, mi sono immersa nel fascino delle danze balinesi, ho visitato i villaggi di Nias. Ho ammirato l'eleganza naturale di Lanzarote, ho visto i dolmen della Bretagna, i templi di Giava e gli orrori di Giacarta, i grattacieli di Manhattan, le miniere d'oro del Colorado, l'Expo di Hannover e di Dubai. Ho visitato Berlino, New York, Parigi, Vienna,

Praga, Londra, Madrid, Cordova, Granada, Barcellona, Zurigo, Pola, Lisbona, Oporto, Roma, Trieste, Genova, Napoli, Palermo, Siracusa e tantissime altre città che mi porto sempre dentro. Sono approdata a innumerevoli, isole perdute nelle correnti marine e ho visitato tanti altri luoghi affascinanti, selvaggi e misteriosi, ricchi di storia e di leggende. Eppure, quando penso all'Altrove per eccellenza, la mia latitudine immaginale in cui la meraviglia si amplifica in un sogno pieno di prodigi, è Marrakech, che mi appare davanti agli occhi della mente. Vedo piazza Jemaa-el-Fnaa con il suo brulicare di saltimbanchi, incantatori di serpenti, giocolieri e truffaldini, e la Koutoubia sopra la quale splende la sottile falce di luna che segna l'inizio dei Ramadam, odo il canto del muezzin che scandisce i tempi della preghiera, sento il profumo inebriante delle spezie e vedo le mercanzie di ogni genere, le paccottiglie che mi affascinano col loro brilluccichio e sento che da lì sono sempre partite le carovane dei miei sogni dirette verso terre sconosciute, ed è sempre lì che ritornano.

Anni dopo aver visitato per la prima volta Marrakech ho fatto un sogno: mi trovavo in un periodo difficile della mia vita in cui dovevo compiere delle scelte importanti per il mio futuro. Mi trovavo a un bivio, c'erano due strade che conducevano a due diverse città: una andava in salita e l'altra era in discesa. La strada in salita portava a Marrakech che vedevo brillare, misteriosa e pericolosa, illuminata dal sole, sulle montagne, mentre l'altra conduceva a Cracovia che si trovava sprofondata nel triste regno delle nebbie, immersa in una dimensione tetra, fuligginosa, scialba, ma rassicurante.

Io mi sentivo divisa tra due diverse immagini del mondo: quella che mi avrebbe offerto il sogno, la visione, la felicità, le avventure dello spirito e l'altra, che mi avrebbe condotto verso il dovere, offrendomi il grigiore di un'esistenza piena di obblighi e d'incombenze, priva di allegria, ma piena di certezze. Il mio spirito si dibatteva nella difficoltà di fare una scelta, pensavo fra me "A Marrakech sono già stata, quindi dovrei scegliere di andare a Cracovia, che non conosco... ma io voglio tornare a Marrakech!"

Da quel momento Cracovia e Marrakech divennero le immagini-simbolo del dualismo in cui mi dibattevo: da una parte il desiderio di vivere una vita in cui poter esprimere con pienezza la mia creatività e nella quale mi sentivo felice e autentica, dall'altra parte la necessità di dover aderire a quello che il mondo si aspettava da me, una vita normale piena di obblighi e di impegni da ottemperare, un'esistenza tetra che avrebbe spento tutti gli aneliti del mio spirito. Tornare a Marrakech era il mio desiderio più autentico: in fondo si può desiderare di tornare solo dove si è già stati.

Negli anni, ho imparato a superare il dualismo di questa contrapposizione e a far coesistere Cracovia e Marrakech dentro di me, eppure in realtà a Cracovia non sono mai veramente andata, anche se molti mi dicono che è una città bellissima, mentre continuo a percorrere nel sogno e nella realtà le vie di Marrakech. La bellezza fiorisce sempre nelle contraddizioni e nei contrasti, ogni città esprime al meglio il suo fascino quando è piena di asimmetrie e paradossi.

Non c'è nulla di più triste di un luogo in cui tutto è tenuto sotto controllo, in cui ogni costruzione è uguale all'altra, immersa in una triste e indistinta serialità.

Ha ancora senso viaggiare ai nostri giorni? Ha veramente senso immergersi nel fascino delle rovine di città morte, entrare nei freddi obitori dei musei per contemplare opere d'arte antiche capaci di evocare i nostri fantasmi e le voci che ci portiamo dentro? Ha ancora senso viaggiare, per trovarsi intruppati in luoghi ormai svuotati dal loro *Genius Loci*, invasi da orde di turisti simili a sciami di cavallette? Esiste ancora la possibilità di stupirsi davanti a un paesaggio?

Oppure è tutto omologato, confuso, mercificato?

La bellezza è negli occhi di chi guarda e anche quando lo sguardo è ferito dalle dissonanze, è possibile cogliere il mistero nelle immagini che ci vengono incontro. Sono lacerti, frammenti, come i versi dei lirici greci, o come le tessere di un mosaico sopravvissuto all'ingiuria dei secoli.

Una farfalla che vola tra le rovine, sfoderando una livrea coloratissima, commuove lo sguardo dell'entomologo.

Una pietruzza che luccica lungo la strada offre un balenio di bellezza che entusiasma il sognatore ancor più dello studioso di minerali. Ci sono momenti che sorprendono con la loro grazia improvvisa. Viaggiare, è una condizione che permette di rinnovare lo stupore nei confronti dell'esistenza perché ci fa di vedere le cose per la prima volta. Se percorriamo ogni giorno la medesima strada, innestiamo il pilota automatico e non vediamo più nulla, abituati come siamo ad attraversare luoghi che ormai diamo per scontati.

Al contrario, giungendo in una città sconosciuta, siamo colpiti dalla luce che illumina i palazzi, ne percepiamo l'odore salmastro se si affaccia sul mare, godiamo alla vista degli abiti colorati delle persone che camminano per le strade, ne osserviamo i tratti somatici, ascoltando il loro idioma, ci colpisce la qualità delle nuvole e delle pietre.

Tutto è fresco e nuovo, promettente.

A volte torniamo in una città perché ci siamo innamorati di lei, e come desideriamo sempre stare accanto all'Amato, così desideriamo sempre rivedere la nostra città eletta, per ritornare a immergerci nella sua preziosa aura. Forse a qualcun altro la città non piacerà, non trovando in lei quell'emozione che ci suscita, ma come un Amato è sempre desiderabile per chi lo ama, anche nei suoi difetti e nei suoi limiti, quella città per noi sarà sempre unica.

MALINCONIA DI ISOLE LONTANE

Sempre mi prende verso sera
Malinconia di isole lontane
E mentre il crepuscolo separa
Il mondo della luce e da quello dell'ombra
Mi pervade una sete
Di terre inesplorate
Perdute in un altrove avventuroso
Mi spinge la volontà
Di percorrere strade mai battute
Mentre l'inquietudine mi spinge
Sempre avanti
Nell'ardenza di orizzonti sconosciuti

Viaggiare è portarsi dentro questa nostalgia, sapere che solo allontanandoci dalle nostre consuetudini potremo avere ristoro, disperdendoci nel mondo, nel molteplice, ascoltando il canto che ci sale da dentro e ci chiama verso luoghi incredibili.

Dromomania è quell'inquietudine che rende inaccettabile la routine del quotidiano che porta sempre a progettare nuove imprese proiettandosi in altri luoghi, perché la nostra immaginazione ci rende impossibile accettare una sola dimensione e vuole disperdersi in ogni latitudine e ognuna assume nel nostro pensiero una tonalità emotiva che ci fa vibrare a una diversa intensità. Talvolta, in un sacchetto di mandorle, ne troviamo alcune amare, che contengono amigdalina. Non sono velenose di per sé, ma scomponendosi nei processi digestivi, possono produrre il cianuro e mangiarne troppe può causare un avvelenamento. Eppure, il loro sapore è indimenticabile e desiderabile.

Così, nella vita, certe esperienze, alcune situazioni possono distruggerci o rivelare i loro limiti, ma al tempo stesso possiamo ricavarne una scienza indimenticabile, quell' "*amara scienza*" di cui parlava Baudelaire.

Dai viaggi che amara conoscenza si ricava!
Il mondo monotono e meschino ci mostra,
ieri e oggi, domani e sempre, l'immagine nostra:
un'oasi d'orrore in un deserto di noia!

C. Baudelaire da "Il Viaggio"

Amara scienza è comprendere che i nostri fantasmi ci accompagneranno sempre e comunque, che non servirà cambiare cielo e luogo: non potremo mai sfuggire a noi stessi. Eppure, nonostante questo, vale sempre la pena di partire. Altri viaggi ci attendono, altre esperienze e la sete di nuovi orizzonti non si placa mai.

MANDORLE AMARE

Com'è dolce e pensosa la primavera
Prima del suo apparire
S'insinua tra pieghe d'ombra
Anelando aperture
È nascosta nel canto del fringuello

Che sgorga improvviso al crepuscolo
Provocando una fitta vivida nel cuore
Risveglia un dolore infinito
Che profuma di mancanza
È l'onda tragica e nostalgica
Del non poter più essere
E mentre la luce si smorza
Nel cielo divenuto rosa e verde
Il mandorlo timido fiorisce
Abbiamo mangiato mandorle amare
Durante tutto questo velenoso inverno

Lavoro

"L'individuo più importuno nella sfera intellettuale è quello che è così affaccendato nell'istruire gli altri che non ha mai tempo per istruire se stesso."

Oscar Wilde

Ho sempre pensato che il modo che abbiamo di lavorare sia simile al modo che avevamo di giocare da bambini: c'è chi ha bisogno di regole, chi ama essere in gruppo e chi procede in piena autonomia, compiendo le scelte che gli detta l'intuizione.

Mi sono sempre fidata del mio intuito più che della mia razionalità. Ho cominciato a lavorare come insegnante nella scuola a venticinque anni: un mestiere che avevo nel sangue, in quanto mia madre e mia zia sono state insegnanti di lettere e anch'io ho sempre pensato che questa dovesse essere la mia professione, pertanto mi è venuto spontaneo scegliere questo lavoro e così ha fatto anche mia figlia Sofia. Essere insegnante di lettere per me ha sempre significato comunicare la passione e l'intensità, la gioia di poter trasmettere a giovani menti in via di formazione l'emozione che ho provato leggendo e studiando autori immortali, offrire loro il gusto e il piacere dell'avventura intellettuale, il mettersi in gioco sempre e osare inventare universi. Però insegnare non è un processo monodirezionale: ho insegnato molto, ma ho anche imparato molto dai miei alunni.

In questi ultimi anni la scuola è cambiata moltissimo, è diventata un'azienda ed esercitare la professione d'insegnante ormai è diventato quasi impossibile: troppa burocrazia, troppi obblighi, troppe funzioni inutili che ostacolano il contatto diretto con i discenti, trasformano l'insegnante in uno scialbo funzionario, svuotandolo di ogni energia vitale. L'alunno è diventato un utente al quale sono forniti dei servizi, il preside è un dirigente che amministra l'istituto, preoccupandosi di renderlo conforme alle norme vigenti.

Come se non bastasse, la preparazione nelle varie discipline è diventata un fatto secondario, ben più importante è riempire le caselle giuste, applicare le percentuali e somministrare quiz vero/falso ed evitare in ogni modo i ricorsi di genitori arroganti che non accettano la bocciatura dei propri figli. Il mistero della conoscenza non si può inserire nei parametri di apprendimento e tutte le riunioni inutili su temi che nulla hanno a che fare con l'istruzione non servono a migliorare il dialogo educativo. Tutto questo ha creato una piattezza di orizzonti: la finalità della scuola è diventata quella di addestrare gli alunni per renderli futuri efficienti esecutori nel mondo del lavoro, robot senz'anima e privi d'intelletto. Sono contraria all'alternanza scuola-lavoro che tramuta la scuola in una palestra d'avviamento alla professione: secondo il mio punto di vista invece dovrebbe essere un luogo in cui l'individuo si forma, dove la sua personalità si consolida, dove riesce a divenire ciò che è.

Ora tutte le incombenze che l'insegnante si trova a dover espletare l'hanno allontanato dal suo ruolo principale: saper emozionare, coinvolgere, trasmettere il fuoco dello spirito. Non si riesce a comunicare nulla se manca un coinvolgimento affettivo, se non si è in grado di far sprigionare delle emozioni in chi ci ascolta, rendendolo desideroso di comunicare a sua volta quella fiamma che l'ha incendiato. Quand'ero alunna, nel corso della mia carriera scolastica ho incontrato solo due insegnanti indimenticabili, capaci di vedermi, di comprendermi, di apprezzare la mia vera essenza: una è stata la mia insegnante di lettere delle scuole medie e uno il mio professore di italiano, latino e greco del ginnasio. La prima si chiamava Eugenia, ricordo i suoi meravigliosi occhi azzurri, pieni di calore e comprensione: amava autenticamente i suoi allievi e la letteratura. Apprezzava moltissimo il mio modo di scrivere e con lei mi sono sentita legittimata a esprimermi liberamente, anche nell'ambito poetico.

Ero molto vivace e disturbavo in classe, ma lei mi sopportava perché apprezzava la mia intelligenza e sentivo la sua stima avvolgermi come un morbido scialle. In classe ero disattenta, ma lei, un giorno che si era accorta che avevo scritto sull'antologia una poesia dedicata a Jan Palach, lo studente praghese che si era dato fuoco davanti ai carri armati russi, mi aveva chiamato a leggerla davanti a tutta la classe, senza rimproverarmi per il fatto che non seguivo la lezione e scarabocchiavo sul libro di testo. Questo significa davvero saper cogliere i talenti delle creature che si hanno davanti, il suo affetto e la sua comprensione non potrò dimenticarli mai e le sono riconoscente per sempre.

Il secondo professore si chiamava Fausto, era alto, magro, accanito fumatore (fumava in classe in continuazione, cosa che ai nostri giorni sarebbe oggetto di scandalo e di rigorosissime sanzioni), anche lui aveva due occhi azzurri intensissimi e sempre velati di una bonaria ironia. Era un uomo di classe, il suo stile inconfondibile traspariva nei suoi motti di spirito, mai acidi e sarcastici, ma che andavano dritto al bersaglio. Mi era simpaticissimo e annotavo in un mio quadernetto giallo le sue battute argute, contraddistinte da intelligenza e leggerezza. Anche lui, come Eugenia, non alzava mai la voce, non rimproverava, non aggrediva mai, ma educava con l'esempio, senza bisogno di fare sfuriate. Come Eugenia, mi lasciava stare: ero seduta in primo banco, insieme a Francesca, la mia eletta compagna del cuore, ma non seguivamo la lezione: leggevamo i poeti maledetti, scrivevamo poemi immortali, disquisivamo sul Nulla. Lui, col suo sguardo arguto ci seguiva con benevolenza e diceva che il nostro pessimismo esistenziale superava quello dell'amico di Recanati. Tra le volute di fumo brillava il suo sguardo azzurrino.

Eugenia e Fausto: i miei due numi tutelari, generosi, disinteressati, liberi, accoglienti, mi hanno sempre apprezzata e riconosciuta nella mia essenza. Da loro ho imparato che attraverso l'insegnamento deve passare anche l'affettività e che l'affetto non è qualcosa di vischioso, di limaccioso, ma è aiutare un giovane a essere libero, a diventare ciò che è, a intraprendere la sua strada, a lasciarlo andare.

Come insegnante non penso di essere stata brava come loro né altrettanto capace di trasmettere il patrimonio immenso che mi hanno donato, ma sempre, quando mi sono trovata dietro a una cattedra, mi sono sentita desiderosa di accogliere la persona che avevo davanti a me, cercando di vederla nella sua autenticità, senza mai sanzionare o disprezzare la fragilità e l'intensità di un essere in divenire. Ho sempre preferito agli alunni diligenti e impeccabili quelli un po' fuori dalle righe, ma provvisti di quella scintilla che li rendeva unici. La loro inquietudine, la loro originalità, la loro curiosità, non le posso dimenticare.

Per anni ho lavorato nella campagna veneta, prima a Mestrino e Saonara, poi a Este, ad Abano Terme e infine sulla Riviera del Brenta, alzandomi all'alba, prendendo autobus scalcagnati e durante il tragitto leggevo un sacco di libri (non libri di testo, che non mi sono mai particolarmente piaciuti in quanto costringono il sapere in percorsi obbligati). Poi ho insegnato nella periferia di Mestre e infine a Venezia. Ho conosciuto tante storie, mi sono specchiata in tanti occhi, ho visto crescere di anno in anno ragazzi di tutte le nazionalità e di tutte le culture. Alcuni mi sono rimasti più impressi di altri, per la luce particolare che emanavano, per le loro storie e per le loro vicende travagliate. La poesia che segue è dedicata a una classe di un Istituto di Istruzione Superiore di Mestre.

Questa classe era multietnica e ognuno di quei ragazzi, nonostante le difficoltà legate alla lingua, cultura e religione sapeva essere unico e meraviglioso nella sua specificità.

Non li ho dimenticati.

LA STORIA

Sever, Rakib, Gaibu, Atanasiu, Hoxha, Paquarizi, Chen...
Shuangxia, Liridona, Nicolae, Mirketa, Mohammed,
Otilia, Tulay...
Coi vostri nomi e con le vostre storie
Storie di guerra e di fame di diaspore cataclismi e genocidi
Flussi migratori e speranze
Siete venuti fin dentro quest'aula fino a questi libri
Per imparare parole nuove e nuovi sogni
E per poterli raccontare

Mohammed tu che allevavi una tigre in Bangladesh
E poi si è capito che non era vero
Solo che facevi fatica ad esprimerti

Tulay tu che hai tua madre velata e sei una fan di Eminem
Porti sui jeans la A rossa di anarchia
E sul palmo della mano il rosso dell'hennè

Liridona tu con tuo nonno che

prega in una moschea del Kosovo
E con tua madre che ti dispensa dal fare Ramadam
Quando ti devi preparare ai compiti e alle interrogazioni

Mirketa tu che sei tornata
nel tuo paese devastato dalla guerra
Nella tua casa bombardata a cercare tua nonna
e il tuo delfino di peluche azzurro
E non hai trovato né questa né quello

Otilia a te che vieni dalla Romania
Hanno sbagliato a scrivere il nome sulla carta d'identità
Ed ora sei costretta a chiamarti Autilia

Nicolae a te hanno rubato la bicicletta:
adesso vieni a scuola
in autobus
E non capisci perché non puoi dire
che in Moldavia ai
tempi del comunismo
l'elettricità era razionata a professori
che non lo vogliono sapere

Shuangxia tu che hai un nome troppo difficile:
tutti ti chiamano Chen
Hai dimenticato come si scrive in cinese
Ma non hai ancora imparato come si scrive in italiano

Voi tutti
E anche tu Eleonora
Bellissima e ingannevole
Perché porti un nome italiano
Ma sei eritrea

E tuo padre è morto
E ti tagli le braccia con le lamette
Fino a farle sanguinare
Perché non sai più chi sei
E dici: "Vorrei essere gli occhi dei miei amici
Per potermi vedere finalmente"

Tutti voi incontrati in una classe di tanti anni fa
In una scuola anonima di una periferia indistinta
Tutti voi di cui ora non so nulla non so più nulla
Tutti voi siete la Storia

Per nove anni ho tenuto a scuola a Venezia un laboratorio di scrittura poetica, in netto contrasto con le istanze produttive - lavorative che rivendicavano la loro priorità assoluta nell'ambito della didattica.
Bene, ho pensato se la poesia è considerata inutile, proprio per questo per me è stata fondamentale. Imparare ad apprezzare quanto è dichiarato superfluo e improduttivo per la società contemporanea è già un valore in se stesso. La poesia fa compagnia, nutre lo spirito e apre gli orizzonti. Chi fa poesia non ha bisogno di un voto, esprime se stesso.

Come carbonari ci ritrovavamo in biblioteca, in un gruppo ristretto di adepti, guardati con sospetto al pari di una società segreta. Il mio progetto si chiamava "Invito alla scrittura" e non l'ho mai considerato un corso di scrittura creativa, perché sono convinta che nessuno possa insegnare a qualcun altro a scrivere e che la creatività non si produca attraverso strategie e stratagemmi, ma solo lo Spirito, che soffia dove vuole, può far nascere parole e versi capaci di vibrare, al pari di un'arpa eolia, suonata dal vento. Il mio intento era offrire ai ragazzi la possibilità di esprimersi liberamente, comunicando i loro sogni, le loro aspirazioni, dando loro lo spazio e l'occasione per abitare con gioia il linguaggio e offrendo occasioni per raccontare la ricchezza del loro mondo interiore. Ogni anno abbiamo affrontato temi diversi, tutti argomenti avulsi da ogni logica produttiva che approfondivamo attraverso la poesia, la filosofia, la metafisica, l'arte.

I temi erano i seguenti:

"Paure e Desideri"
"Sogni e Speranze"
"Riflessi di memorie"
"La notte"
"Dialoghi tra visibile e invisibile"
"Viaggio intorno alle dee"
"Geografie interiori"
"Il femminile e il mistero"
"Dietro al velo"

Gli incontri, pomeridiani, alternavano laboratori (durante i quali i temi prescelti erano considerati sotto vari aspetti e si scrivevano poesie ispirate ad essi che poi venivano lette e commentate insieme) a incontri con l'autore, in cui invitavo amici poeti, (il tutto *gratis et amore dei*) perché raccontassero qual era il loro rapporto con la poesia e a leggere i loro testi e quelli dei poeti che amavano. Erano testimonianze intense ed emozionanti, che sprigionavano energie creative, scambi intellettuali e riflessioni profonde. In quegli anni i ragazzi che frequentavano il corso mi hanno rivelato la loro interiorità, offrendomi la ricchezza delle loro visioni, mai banali e sempre aperte a una ricerca inesausta, dettata da un limpido desiderio di comunicare empaticamente. Da quegli incontri uscivo rigenerata, grata e commossa da tanta meraviglia e sicura che questo era il vero modo di insegnare e di apprendere, un'avventura dove le emozioni avevano il diritto di esprimersi in tutto il loro splendore.

Venezia, luogo del barzak

Un esempio assai esplicito del doppio senso dei simboli è fornito dall'uso dell'espressione barzakh nell'esoterismo islamico. Nella teologia islamica la parola barzakh è generalmente presa a indicare un certo stato intermedio nell'evoluzione postuma dell'essere umano. Tuttavia l'esoterismo le dà un significato molto meno ristretto, pur basandosi strettamente sull'interpretazione metafisica dei versetti coranici che contengono il termine barzakh.
Uno di questi versetti è tratto dalla sura Ar-Rahmān:

"Egli [Allah] ha lasciato scorrere i due mari, che si incontrano; tra loro c'è un istmo (=barzakh) che essi non oltrepassano".
Un altro versetto si trova nella sura Al-Furqān:

"È Lui a far scorrere i due mari: l'uno è dolce e gradevole a bersi, l'altro è salato e amaro; e Lui ha posto tra i due un istmo (=barzakh) e una barriera insormontabile".

Titus Burckhardt da "Sul Barzakh"

Venezia ha sempre fatto parte della mia vita. Fin da bambina trascorrevo lunghe estati al Lido di Venezia e amavo le lucciole che nelle sere di luglio illuminavano i cespugli di more fitti e impenetrabili, il canto delle cicale e i ranocchi, che dopo i temporali popolavano le stradine sterrate. Amavo il mare, mi piaceva osservare il suo orizzonte immaginando altre terre, altri mondi.

M'incantavano i tramonti azzurro-rosati della laguna, le isole che si stagliavano con le loro nere sagome contro la gloria del tramonto. Amavo le atmosfere *"retro"* del Lido, i suoi fasti liberty, i suoi giardini misteriosi, ricchi di palme, ortensie, gelsomini e passiflora, amavo la grande mole dell'Hotel Des Bains ricordato nel romanzo *"Morte e Venezia"* di Thomas Mann, e l'esotismo esondante e moresco dell'Hotel Excelsior che si ergeva audacemente sulla spiaggia, simile al sogno di uno sceicco pazzo. Tutto questo era di una tale bellezza e intensità, da nutrire i miei sensi e l'immaginazione e appagare la mia fantasia.

La parola Barzakh in arabo assume più significati: può significare "limbo, barriera, confine" oppure "ostacolo, separazione" e nel Corano è inteso come punto di incontro tra visibile e invisibile, tra materiale e spirituale, ma può essere inteso anche come luogo di mezzo tra acque dolci e acque salate. Nel sufismo il Barzakh non è solo il luogo dove l'anima risiede dopo la morte, ma è inteso anche come uno stato che l'anima può raggiungere attraverso la meditazione.

Ibn 'Arabi definisce il Barzakh come un istmo tra due mari che si pone tra il mondo della corporeità e quello dello spirito, costituendosi come punto di contatto tra due mondi.

LA TERRA ISOLATA

Tra velati orizzonti
Compare una terra isolata
Che illumina le acque della memoria

Si allontana nel buio
Si espande nella luce
Risveglia il futuro
Attraverso la sua essenza
Apre un ventaglio di possibilità

Offre occasioni di conoscenza infinite
Si trasforma in un mutamento perenne

Sempre in divenire
Rivela nuovi aspetti sconosciuti

Non c'è che la forza del possibile
Capace di trasformare gli universi

La coscienza si apre
Per comprendere

Trascorrono sulle acque
Immagini e forme
Trapassando le une nelle altre
In mutazione perpetua

Venezia, per la sua particolare localizzazione tra mare e laguna, si configura come punto d'incontro tra mondi e culture differenti, una sorta di sacro *omphalos,* centro e al tempo stesso luogo di confine, ponte tra mondi e dimensioni diverse che dialogano insieme. Questo mondo intermedio si configura come Paese del Non-Dove, dove abita la Nostalgia ma anche la Profezia. Venezia è una città doppia che si riflette sulle acque, luogo deputato dell'Immaginazione Creatrice e punto d'incontro tra Visibile e Invisibile. Fin da bambina ho sentito che Venezia mi chiamava, e l'ha fatto in molti modi, ma la maniera più evidente è stata attraverso un sogno.
Ho sognato che volavo sopra la Laguna, avvolta in una luce intensa e sfolgorante, vedevo l'Isola degli Armeni, San Marco, il Palazzo Ducale, San Giorgio ed ero affascinata da tanta meraviglia circondata dalle acque: mi trovavo poi sopra Torcello, ammiravo i mosaici della Basilica grondanti oro e

meraviglia e riuscivo a vedere attraverso i muri. Volavo e mentre mi lasciavo permeare da tutta questa bellezza, una voce mi diceva: “Tu abiterai qui, questo è il tuo Destino”.

Ciò accadeva molti anni prima che io sapessi che ci sarei andata a vivere.

Era un segno, un sogno profetico?

Non lo so, ma sono certa che Venezia da sempre ha fatto parte della mia vita. Ancor oggi, quando la percorro, le pietre e l’acqua mi parlano: le pietre, con le loro cifre e simboli raccontano misteri che si svelano solo se ci si mette in ascolto, lasciando fluire secoli di leggende e di storia; l’acqua, con le sue mille rifrazioni di luce che si scindono, schiude teatri ineffabili al pari di un mosaico bizantino.

L’acqua è un elemento sacro, è uno specchio magico capace di evocare presenze vicine e lontane. L’idromanzia, che è l’arte di divinare attraverso le acque, offre la possibilità di connettersi con la dimensione emozionale più recondita, diventando una specie di soglia in grado di metterci in contatto con ciò che non conosciamo, ma desideriamo ardentemente conoscere. Ogni angolo della Città è in grado di raccontare storie bellissime e misteriose.
I quattro racconti che seguono sono ispirati a quattro diversi luoghi di Venezia che mi hanno particolarmente affascinato.

L'arcangelo sfaccendato

(Al processo, interrogata circa le visite degli angeli) "Vengono spesso tra gli uomini senza che nessuno li veda; io stessa li ho visti molte volte in mezzo alla gente."

Giovanna d'Arco

La chiesa era immersa in una luce torbida e lattiginosa da acquario trascurato. Era tutta un intarsio di marmo bianco e serpentino, bianca e verde, verde e bianca. Era simile a un bosco dove le nevi primaverili arretravano per far posto all'erba nuova. Sul soffitto una profusione di stucchi dorati circondava due affreschi visionari: gli Angeli che appaiono ad Abramo, poi Elia portato in cielo su un carro di fuoco. L'altare maggiore rappresentava il culmine di tutta quella ricca decorazione: sotto un'edicola di marmo verde dalle tortili colonne furiosamente barocche, spiccava un gruppo marmoreo d'un bianco abbagliante dove sedevano il Salvatore e il Padreterno, in precario equilibrio sopra il globo retto con titanico sforzo da alcuni angeli.

La chiesa era umida in quella giornata novembrina.

Ero entrata nella Chiesa dei Gesuiti di ritorno dalla cupa isola-cimitero di San Michele, tanto simile all'Isola dei Morti del quadro di Bocklin. Attraversavo ammirata quello spazio ridondantemente decorato, ascoltando rimbombare i miei passi nel silenzio delle navate. L'atmosfera mi piaceva, avevo voglia di rimanere lì per un po'. Alzai gli occhi verso la cupola. Ai suoi lati, sui quattro pilastri d'angolo della crociera, come custodi di quel levitante splendore, stavano quattro angeli di pietra. Osservandoli, li riconobbi subito, o meglio, ne riconobbi solo tre. Sul pilastro a destra dell'altare stava Gabriele, l'arcangelo messaggero, intermediario tra Dio e l'uomo; impugnava uno specchio che rifletteva la luce della fiaccola che reggeva nella mano destra.

Il suo nome significa: Potenza di Dio.

Sul pilastro a sinistra, stava ritto Michele, l'Arcangelo delle Milizie Celesti e psicopompo. Il suo nome significa: Giustizia di Dio. Sfoggiava un'armatura da guerriero, il suo sguardo era inflessibile e rigoroso, mentre infilzava Lucifero con la lancia, ricacciandolo nell'abisso. Le unghie delle dita dei piedi del demone erano lunghe e ricurve, rapaci come artigli, a testimonianza della sua perversità. Le dita si contorcevano in rictus diabolico, mentre sprofondava nelle Tenebre Eterne. Mi volsi verso il terzo: si trattava inequivocabilmente di Raffaele, l'arcangelo terapeuta. Ai suoi piedi, il pesce farmacologico le cui viscere avrebbero restituito la vista a Tobia. Raffaele teneva per mano Tobiolo. Etimo del suo nome: Dio guarisce.

Infine, il mio sguardo si posò sul quarto: bellissimo, con le chiome inanellate e scomposte, il capo dolcemente reclino, sorrideva enigmatico. Disdegnava le offerte appetitose che alcuni putti ai suoi piedi gli offrivano: si trattava di collane preziose, un cuore sanguinante... Non riuscivo assolutamente a individuarlo, ad attribuirgli un nome.

Non recava con sé alcun attributo identificativo.

Mi guardava, lievemente ammiccante, con un sorriso ambiguo che gli arricciava appena le labbra delicate: non avevo idea di chi potesse essere. Tormentata dalla curiosità volevo andare a fondo della questione, scoprire chi fosse, capire perché non ero in grado di riconoscerlo. Mi guardavo intorno, ma nella nebulosa luce soffusa non riuscivo a trovare nessuna targhetta in grado di illuminarmi. Finalmente vidi il prete, in clergyman, defilato verso l'uscita. Risoluta, mi diressi verso di lui, decisa a non lasciarmi sfuggire quest'occasione: lo raggiunsi e gli chiesi chi fosse quell'arcangelo sconosciuto.

Subito mi resi conto di aver toccato una questione spinosa.

Il prete, già furtivo di suo, divenne ancor più circospetto e, dando rapide occhiate in giro, quasi non volesse farsi sorprendere da involontari testimoni nel rilasciare questa dichiarazione, mi rispose di malavoglia e con reticenza frettolosa: «E' Sealtiele...» non aggiunse altro e se ne andò. Sealtiele... quel nome mi travolse subito come una cascata di miele... un miele denso e luminoso nel quale si dibatteva la mia curiosità. Chissà quali arcani avrebbe potuto svelarmi quell'arcangelo misterioso... ero decisa a non rinunciare mai più a lui. Uscendo dalla chiesa, la smorta luce autunnale mi confuse ulteriormente. Quanti sono gli Arcangeli? Li conosco tutti? Che cosa mi hanno insegnato in merito quando andavo a catechismo? Non avevo per niente le idee chiare.

Fatto sta che il nome di Sealtiele, dolcissimo e insidioso, mi ronzava nella testa in modo assordante, sollevando i miei pensieri come un nugolo di mosche. Mi documentai: ebbi l'ennesima conferma che la vita è ben più vasta e complessa di quanto appaia a occhi frettolosi e racchiude sempre delle latenze occulte, degli abissi da sondare, degli spazi reticenti di non detto. Gli Arcangeli non erano tre, come avevo sempre creduto, ma sette. Oltre ai tre accreditati presso la Chiesa Cattolica, Gabriele, Michele, Raffaele, ve ne erano ben altri quattro, dai nomi clandestini, ammalianti e sinuosi: Barachiele, Benedizione di Dio, che distribuisce bianche rose a piene mani illuminando il cammino di Israele, Uriele, Luce di Dio, severo custode dell'Eden dalla spada fiammeggiante con la quale aveva cacciato i nostri progenitori nell'esilio infinito in cui ci dibattiamo ancor oggi, Geudiele, il Rimuneratore, inflessibile esecutore e dispensatore delle Giustizia Divina, munito di corona e flagello, e infine Sealtiele, l'Arcangelo che mi aveva sedotto irreparabilmente.

Il suo nome significa Preghiera di Dio e generalmente è ritratto in attitudine orante, senza insegne, senza simboli: egli è il Contemplante per eccellenza, non necessita di nulla, soltanto del suo sguardo. Secondo il libro di Esdra, Sealtiele è ricordato come uno dei sette arcangeli della tradizione ortodossa orientale ed è sempre rappresentato in attitudine ieratica. Talvolta, raramente, compare con un turibolo in mano, che sta a simboleggiare la preghiera che s'innalza verso Dio. Nella tradizione popolare gli si chiede aiuto se si soffre di distrazione, inattività, freddezza, alcolismo, insomma, può essere definito l'Arcangelo degli accidiosi.

È possibile rivolgersi a lui con questa preghiera: "Santo arcangelo Sealtiele, aiutaci con i tuoi angeli, insegnaci a pregare come il Signore ha pregato e ci ha insegnato a pregare." L'arcangelo Sealtiele è l'unico tra tutti che non raffigura il rapporto discendente da Dio all'uomo, ma, innalzando la sua preghiera, rappresenta quello ascendente della creatura a Dio. Di Sealtiele è ricordata un'unica azione risolutiva: la sua mano fermò il coltello di Abramo che stava per sacrificare a Dio il figlio Isacco sul monte Moria.

Il suo intervento permise che non fosse sparso sangue innocente. Furono soprattutto i Gesuiti a promuovere il culto dei sette Arcangeli, diffondendolo in particolar modo, in seguito alla Controriforma, nelle missioni in America Latina. Dopo aver approfondito la sua conoscenza fui ancor più affascinata da quest'arcangelo *border-line*, dimenticato dal Cattolicesimo ufficiale e tuttavia presente in quella chiesa accanto ai tre arcangeli acclarati. Perché mai era stato cancellato dall'immaginario comune? Qual era il movente che aveva portato la Chiesa a rimuoverlo? Era forse troppo poco zelante, un po' troppo sfumato e astratto? Forse era da considerarsi un sognatore eccessivo, un potenziale pericoloso visionario? Un rivoluzionario della contemplazione? Era troppo dedito a estasi sovversive?

Sealtiele sembrava infischiarsene di questi interrogativi teologici e se ne stava lassù, ritto sul pilastro, con le vesti tardo-barocche smosse da un vento metafisico, le labbra atteggiate a un sorriso malioso che lo rendeva irresistibile: non essendo un arcangelo a pieno servizio, non dovendo combattere, né portare messaggi e neppure dedicarsi alle arti terapeutiche, aveva parecchio tempo libero e lo trascorreva in ozi contemplativi. Sealtiele se ne stava lassù, sfaccendato, impunemente sfolgorante sul pilastro screziato di verde e bianco, misconosciuto e snobbato dalla maggior parte dei visitatori della chiesa, che non sapeva neppure chi fosse, ma pareva non risentire troppo della scarsa considerazione.

Io non potevo dimenticare il suo sorriso.

Sì, quell'arcangelo mi aveva sorriso, ne ero sicura, proprio nel momento in cui il prete aveva pronunciato il suo nome con frettolosa noncuranza, consapevole d'avere in casa un eretico. E il suo sorriso, lievemente beffardo, aveva continuato ad accompagnarmi anche quando ero uscita dalla chiesa, suscitando in me un riconoscente stupore per la pura gratuità di quell'incontro ineffabile.

La sua apparizione mi aveva rivelato quanto labile fosse il confine tra il certo e l'incerto, tra le cose credute e le cose sapute. Grazie alla *parousia* di Sealtiele la mia visione del mondo aveva assunto contorni più sfumati e indistinti: ora ogni cosa diventava possibile e al tempo stesso improbabile.

Splendori nell’orto

“La Vergine Maria è sempre estremamente importante. È realmente l’ereditiera di molte tipologie di dee. Lei rappresenta quelle che danno la vita, è ugualmente la rigeneratrice e la madre terra insieme.”

Marija Gjmbutas

Non piaceva a nessuno.

Troppo grossolana - dicevano - di fattura sommaria, troppo massiccia. Una popolana, una di quelle popolane dallo sguardo duro, dalla caviglia grossa, che fino ai vent'anni irradiano una qualche bellezza che in breve si spegne, soffocata da una mole invadente. Anche il figlioletto che teneva sulle ginocchia era notevolmente brutto, rigido come un pupazzo e lievemente strabico. Quando l'aveva mostrata al parroco di Santa Maria Formosa lui gliel'aveva rifiutata senza tanti complimenti:

«Ma vi pare che sia una statua della Vergine questa? Così pesante, così grossolana, è solo un blocco di marmo: non ha vita, non ha respiro, non ha sguardo».

E così, a Giovanni de Santi era rimasta la statua di cui non sapeva che fare. Avvilito per lo smacco, alla fine decise di tenersela nell’orto di casa. Viveva nei pressi della parrocchia di santa Margherita, a Dorsoduro, in una zona di Venezia piena di orti, di viti, di campi circondati dai canali. La moglie non era per niente contenta di quella decisione: «Il parroco di santa Maria Formosa non l'ha voluta e tu me la metti nell'orto? Se non altro potremo usarla come spaventa-passeri!» E così fu: la statua fu posta tra aiuole plebee di carote e d'insalata, sotto un albero di melograno che d'autunno si caricava di frutti inferi.

Alla fine non sfigurava nemmeno, in mezzo a tutto quel verde...così bianca, anzi, emanava un certo fascino. Giovanni se la guardava dalla finestra e non gli dispiaceva la sua opera: era un manufatto di una qualche bellezza indefinibile che esprimeva qualcosa di originale. Anche la moglie finì per affezionarsi alla statua, anzi, ogni tanto le piaceva andare a ricamare proprio vicino a lei; nei lunghi, interminabili pomeriggi d'estate, le sue mani paffute manovravano il tombolo con placida efficienza proprio sotto la sua ombra. La donna somigliava alla statua: il volto largo e inespressivo, il petto generoso, le spalle forti, i capelli castani raccolti in una crocchia, gli occhi un po' vuoti e il mento leggermente rilassato, da donna tranquilla che conoscendo le sue mansioni le svolge con calma consapevole.

Tutto procedeva pigramente, quell'estate, mentre Giovanni scalpellava di mala voglia nuove statue per committenti che sperava più di bocca buona. Erano giorni caldissimi e così pure le notti che erano afose, piene di zanzare e di luna. In una notte d'afa particolarmente soffocante, la moglie di Giovanni non riusciva a dormire. Il marito le russava al fianco, inerme, ma lei non trovava pace, sentiva un'oppressione al petto, un'oscura inquietudine: si alzò e a piedi scalzi, a passi lenti, con le chiome molli e umide di sudore, si diresse verso la finestra aperta che dava sull'orto. Si affacciò e la travolse un intenso profumo di timo e di menta: era una notte profumata e strana. Accadeva qualcosa nell'orto. Aguzzò lo sguardo e le parve di vedere dei bagliori tra l'erba. Guardò meglio, e si accorse che quella luce proveniva dalla statua della Madonna:

essa emanava una luce fosforica. Corse da Giovanni, lo scrollò dal suo sonno sepolcrale e quando lui, ancora intontito, si diresse verso la finestra incredulo, videro entrambi la statua circondata tutta da un alone luminoso: era un fenomeno sorprendente e inspiegabile. Attoniti, Giovanni e la moglie s'inginocchiarono davanti a quel prodigio.

L'indomani la notizia aveva già fatto il giro di tutto il sestiere: la casa e l'orto dello scultore furono invasi da una processione improvvisata di fedeli desiderosi di recar visita alla statua miracolosa. Tra la folla di curiosi c'erano anche dei malati: storpi, bambini con lo scorbuto, puerpere senza latte, vecchie con i reumatismi. Ognuno di loro era lì per chiedere la guarigione desiderata, che la bianca Madonna di pietra era sempre propensa a elargire. Da quel giorno divenne un'abitudine: la casa di Giovanni de Santi era meta di un continuo andirivieni senza tregua, di giorno e di notte.

La statua continuava a emanare luce, distribuendo generosamente i suoi miracoli. Si diffuse la fama che la statua della Madonna dell'Orto, rifiutata dalle chiese e dagli altari, era in grado di compiere miracoli: essa si era tramutata in una sorta di Cibele, dea della Vegetazione e della Natura che recava tra le braccia il figlioletto Attis, dio della morte e della rigenerazione, in grado di restituire la Vita.

Il culto della Dea Madre-Madonna dell'Orto si diffuse anche fuori dalla città. Giungevano dalla terraferma nobildonne malmaritate, vecchie beghine desiderose di un marito, giovani e sognanti fanciulle in fiore e ormai la preponderante componente femminile devozionale cominciava a generare una certa preoccupazione. Quell'altare pagano e domestico, quel tempio ortofrutticolo non era per niente gradito ai canonici e neppure al Patriarca, per cui si presero la briga di reintegrarla all'interno di una chiesa. Perciò, con tutti gli onori che il caso richiedeva, la statua della Madonna dell'Orto fu accolta con una solenne cerimonia il 18 giugno 1377 nella chiesa di San Cristoforo. Il culto tributato alla Madonna non si spense, ma divenne più moderato e controllabile e la chiesa ne guadagnò in elargizioni ed elemosine. Giovanni accettò questo spostamento a malincuore, ma pose le sue condizioni: alla sua morte avrebbe dovuto essere ricordato quotidianamente dai frati della chiesa nel corso della Santa Messa. Infatti un'altra statua della Vergine, sempre di Giovanni de Santi, situata nella chiesa, tiene in braccio il Bambino che regge un cartiglio con scritte queste parole:

"Abie in mente fra de dir ognio di mese per lanema de quelo che mese mia mar qua."

Del resto la pretesa è da considerare legittima, dal momento che è l'Artefice di questa statua miracolosa. Ancor oggi, sui visitatori della chiesa di San Cristoforo, più comunemente conosciuta come Madonna dell'Orto, la statua esercita uno strano fascino: il suo volto quadro, lo sguardo assente, la sua monolitica mole, la rendono potentemente ieratica e affascinante, ricordando l'arte primitiva della scultura cubista o le matriarche di De Koning. La sua vicenda mi fa pensare a come le cose che spesso sono disprezzate in realtà possano risplendere di una bellezza e di una forza che sfugge agli sguardi frettolosi e che possano persino caricarsi di proprietà taumaturgiche.

Come dice la Bibbia *"la pietra scartata dai costruttori è diventata la pietra d'angolo"* così la statua della Madonna, disprezzata e rifiutata dalla Chiesa, è ritornata ad essere la Dea Bianca, la Grande Madre Universale, potente dispensatrice di Vita e Speranza.

Angolo di Gibilterra

"Il bello è sempre bizzarro"

Charles Baudelaire da "Dell'idea moderna di progresso applicata alle arti"

Non era Gibilterra e neppure l'Amazzonia, era solo un lacerto dimenticato della città. Questo luogo bizzarro si trovava accanto a una chiesa segreta e bellissima, che nessuno visita. La chiesa è San Nicolò dei Mendicoli, una tra le più antiche chiese di Venezia, già esistente nel VII secolo, situata in una contrada in cui le condizioni di vita degli artigiani e dei pescatori erano modestissime e per l'appunto prendeva il nome da loro, i mendicoli, i mendicanti.

Nei suoi pressi sorgeva una casa *delabré,* con un giardino circondato da alte mura. Si trattava di una casa qualunque, un giardino qualunque, non fosse stato per la rete che si ergeva alta, cingendone tutto il perimetro e trasformandola in una sorta di gabbia gigante. Se passavi di là, e alzavi gli occhi in direzione degli alberi che spuntavano dalle mura, ti accorgevi di un'incongrua stranezza: tra quei rami saltellavano innumerevoli scimmie. Credevi di aver avuto un'allucinazione, un abbaglio, e invece no, era tutto vero, verissimo. Non una, ma colonie di scimmie si dondolavano tra i rami di quegli alberi, entravano e uscivano dalle finestre spalancate del primo e del secondo piano dell'abitazione, camminando su ballatoi improvvisati, stridevano con le loro voci roche e sguaiate, battibeccando tra loro. Scimmie dalle lunghe code, dai volti corrucciati e dispettosi si spulciavano a crocchi, si dondolavano sui davanzali delle finestre. Allora, dopo un attimo d'incredulità, capivi che non si trattava d'un sogno assurdo, ma che stavi passando sotto la casa del celeberrimo Rico delle Scimmie.

Rico era una persona bizzarra e generosa, nel periodo delle deportazioni era riuscito, rischiando in prima persona, a far fuggire degli ebrei dai treni che passavano per la stazione ferroviaria di Venezia, con destinazione i campi di sterminio. Rico era stato un marinaio, un vero lupo di mare, aveva battuto tutti gli oceani e toccato tutti i porti, conoscendo ogni latitudine. Dei luoghi esotici in cui era stato, le scimmie gli erano piaciute più di tutto il resto, al punto di portarsele a casa al ritorno da ogni viaggio. Incominciò con una: si trattava di una scimmietta apparentemente inoffensiva dalla vocetta becera e selvaggia che berciava acutissima non appena si vedeva contrastata in qualche suo desiderio. Questo esseruncolo capriccioso e volubile, guazzabuglio d'umano e demoniaco, gli aveva combinato parecchi guai.

Un giorno, dopo essere stata rimproverata per un suo comportamento scorretto, si era vendicata duramente: aveva aperto l'armadio e gettato fuori dalla finestra tutti gli indumenti e gli effetti personali di Rico, non prima di averci pisciato sopra a lungo. Rico, più che infastidito, era rimasto affascinato dal comportamento volitivo della scimmia, e quando, parlando con gli amici, ricordava l'aneddoto, s'illuminava tutto, come un padre, che pur parlando delle malefatte del figlio, alla fin fine se ne compiace. Ma una non gli era bastata: ne portò a casa un'altra, e poi un'altra ancora, e poi ancora una: le scimmie erano diventate una legione e ormai Rico era totalmente soggetto alla loro volontà, ai loro temperamenti lunatici ed irascibili. Aveva attrezzato la casa unicamente a uso e consumo dei primati: essa era stata svuotata d'ogni oggetto che era andato distrutto, per vezzo o per capriccio, dalle loro manine avide e malaccorte. Il divano era sfondato, la tavola lorda ed escrementizia era divenuta il luogo su cui le scimmie banchettavano ed evacuavano liberamente, le finestre erano costantemente aperte giorno e notte, estate e inverno, per permettere loro di entrare e uscire con facilità. La vita di Rico era ormai tutta in funzione di scimmieschi bisogni: consacrava il suo tempo ad alimentarle, ad attrezzarne gli spazi, a curarle assecondandole in ogni loro capriccio. Non riceveva più gli amici in casa dal momento che questi, infastiditi da tutto quel disordine, preferivano starsene al bacaro a bersi lo spritz e a farsi una partita a carte; non poteva più assentarsi per un giorno, in quanto ogni responsabilità dell'accudimento delle bestiole gravava sulla sua persona: nessuno aveva il fegato e la voglia di entrare in quel lurido caravanserraglio, correndo il rischio di essere aggredito da quegli animali viziati.

Così il povero Rico, che aveva viaggiato tutta la vita per mare, fu inchiodato a una sedentarietà obbligata che lo fece intristire e invecchiare rapidamente. Ormai viveva solo in funzione delle scimmie: si era trasformato nel mendico guardiano di uno zoo che non visitava nessuno. A essere in gabbia era proprio lui, prigioniero per sempre in quell'angolo impervio di Gibilterra in una città splendida che lo ignorava. Quando la gente passava sotto le sue finestre, sogghignava con sufficienza, pensando al vecchio eccentrico e solitario, circondato dalle sue scimmie bercianti. Dopo qualche anno Rico si trasferì in terraferma e le scimmie sparirono: non ho idea di dove possano essere andate a finire.

Certo è che ora, ogni volta che mi capita di passare da quelle parti (peraltro raramente), a fianco della chiesa dei

Mendicoli, un riflesso condizionato mi porta ad alzare lo sguardo verso quella casa, una volta un fatiscente tugurio, ora un intonacato confetto spirante un'aura asettica di rispettabilità, cercando le scimmie che non ci sono più, e, quando me ne rendo conto, resto sempre un po' triste e delusa.

Poveglia l'Isola Nera

"C"è un tempo e un luogo perché qualsiasi cosa abbia principio e fine..."»

Joan Lindsay da "Pic nic ad Hanging Rock"

Era la festa del Redentore e un gruppo di ragazzi aveva deciso di divertirsi in modo avventuroso: avrebbero visto i *"foghi"* dall'isola di Poveglia, situata nella laguna di fronte a Malamocco. Anticamente il nome di quest'isola era Popilia, perché la sua vegetazione era in preminenza costituita da pioppi. Nonostante la sua immagine amena, su di lei aleggiano strane dicerie: si racconta che sia infestata dagli spiriti degli appestati che vi erano morti durante la contumacia e, in particolare, gli equipaggi di due imbarcazioni colpite dall'epidemia nel 1793 e nel 1798 erano stati confinati lì e lasciati morire nella completa incuria, probabilmente durante una delle ultime manifestazioni della peste a Venezia. Una targa marmorea, nella costa ovest, riporta la seguente dicitura: *"Ne fodias vita functi contagio requiescunt MDCCXCIII"*, ossia *"Non scavate (disturbate) i morti per contagio in vita, riposano. 1793"*.

L'isola aveva mantenuto le sue funzioni di stazione per la quarantena marittima per tutto l'Ottocento, fino al secondo dopoguerra e per questo fatto era circonfusa da un alone cupo che intimoriva i visitatori. Ogni tentativo di farla rivivere era naufragato: parte degli edifici era stata adibita a convalescenziario geriatrico. Si diceva che i pazienti fossero perseguitati dai fantasmi degli appestati, ma che i loro racconti non furono mai presi in considerazione, erano reputate farneticazioni di vecchi indementiti. Una leggenda racconta che in quest'ospedale furono praticate torture e abusi su quanti vi erano ricoverati. Tra le varie storie, la più inquietante si riferisce al direttore dell'ospedale che, ossessionato dagli spiriti degli appestati che continuavano a tormentarlo, sarebbe impazzito e che si sarebbe gettato dal campanile dell'antica pieve di San Vitale. L'infermiera che era presente all'accaduto sostenne che l'uomo non era morto a causa dell'impatto con il suolo, ma soffocato da una strana nebbia che si era sprigionata dal terreno.

In seguito Poveglia era stata usata per coltivare degli orti, ma poi tutto si era arenato e la vegetazione inselvatichita aveva ripreso possesso di quel terreno sabbioso. O meglio, di quel terreno nero: si diceva che il territorio fosse disseminato delle ossa combuste dei cadaveri degli appestati; era terra nera, pregna di oscure tenebrose presenze. Eppure, immersa nella luce dei pomeriggi d'estate, a prima vista, appare come ridente e non certo portatrice di tutte le leggende inquietanti che la rendono famosa per essere uno dei luoghi più infestati dai fantasmi al mondo.

Si sa, la fascinazione per il mistero, e tanto più quando il mistero si fa portatore d'inquietudine, è un magnete irresistibile per quanti desiderano avventurarsi nell'ignoto. Nel 2016, Poveglia, la cui fama come luogo privilegiato dai fantasmi era giunta anche in America, fu visitata da cinque sconsiderati turisti del Colorado, che desiderosi di fare esperienze adrenaliniche da raccontare agli amici, si fecero portare sull'isola da un taxi acqueo, muniti di sofisticati macchinari a raggi infrarossi per compiere un reportage notturno sui fantasmi che vi si aggirano.

I giovani americani però, non avevano fatto i conti con la presenza prepotente del Genius Loci e perciò, sconvolti da qualcosa che avevano visto o sentito, ma che non furono mai in grado di raccontare, cominciarono a urlare nella notte, catturando l'attenzione di una barca di passaggio che segnalò il problema ai Vigili del Fuoco i quali li trassero in salvo.

Affascinati da tutte queste storie che avevano sentito raccontare innumerevoli volte, i ragazzi si sentivano attratti dall'isola misteriosa e avevano deciso di andarci: consideravano quest'avventura come uno scherzo, una sfida, un modo anticonvenzionale per trascorrere la festa del Redentore. Partirono poco prima del tramonto: il sole con i suoi maturi raggi occidui indorava la laguna che presto avrebbe assunto sfumature roseo-azzurre, le stesse che Cagnaccio da San Pietro ha saputo così mirabilmente trasfondere nei suoi quadri.

Il giorno trascolorava in una bella sera d'estate.

Molte barche e barchini sfrecciavano eccitati e impazienti attraverso la laguna, confluendo verso il bacino di San Marco: si trattava dei ritardatari, di quelli che ancora non si erano piazzati in un punto strategico per poter godere dello spettacolo dei *"foghi"* e cercavano di riguadagnare il tempo perduto. La barca dei ragazzi invece si dirigeva in direzione opposta, verso l'isola di Poveglia, riconoscibile dallo svettante campanile. I ragazzi erano di buon umore, euforici per il vino già bevuto e per quello che si apprestavano a bere: le provviste non mancavano e quella era la notte in cui avrebbero potuto esaudire ogni loro desiderio in piena libertà; in fondo il Redentore, pur con la sua copertura di religiosità ufficiale, non era altro che una festa dionisiaca, un ricordo di antichi baccanali estivi.

Poveglia li attendeva con il suo fascino misterioso. Appena sbarcati sull'isola furono presi dall'entusiasmo e dal piacere di perlustrarla, si dispersero qua e là ridendo e scherzando, chiamandosi festosamente l'un l'altro, simili a Ninfe e Fauni, lasciandosi pervadere dallo spirito di selvatichezza che aleggiava in quei luoghi; qualcuno ne approfittò per appartarsi con il compagno o la compagna prescelti per trascorrere insieme quella notte magica. Si stava bene, ma poi non così tanto, poiché l'aria calda del crepuscolo era infestata da nugoli di zanzare fameliche che avevano aggredito i malcapitati: polsi e caviglie erano pieni di bubboni pestiferi. I ragazzi si grattavano convulsamente, ma cercavano ancora di simulare allegria e spensieratezza. Nonostante le battute che si scambiavano vicendevolmente sentivano che non si stavano divertendo per niente, ma qualcosa d'indefinibile li stava invadendo progressivamente come una nera marea, alterando il loro stato d'animo.

La situazione cominciò a precipitare quando iniziò a fare buio: gli edifici diroccati dell'isola, divorati dalla vegetazione, assumevano via via contorni sempre più lugubri e spettrali. A un tratto Marco, il ragazzo più carismatico del gruppo che si era appartato in dolce compagnia, schizzò fuori da una macchia di cespugli tremante e incapace di profferire parola: se l'oscurità non fosse stata così impenetrabile, i suoi compagni avrebbero visto che aveva gli occhi fuori dalle orbite e il corpo ricoperto di graffi e abrasioni. Gli altri, colti da sgomento, cercavano di capire cosa avesse visto o sentito, ma il suo stato confusionale gl'impediva di dare qualsiasi spiegazione. Gli chiesero dov'era Fosca, la ragazza con la quale si era appartato, ma lui continuava a fissare il vuoto e non riuscirono a cavargli fuori nient'altro che frasi sconnesse.

Si era fatto buio e il tempo aveva iniziato a scorrere in maniera anomala, ora dilatandosi, ora restringendosi a un eterno e angosciante presente. Allora si misero a cercarla, chiamandola a gran voce, senza avere nessuna risposta sembrava si fosse letteralmente dissolta nel buio profondo dell'isola. Intanto, da una zona indistinta della sterpaglia si levava un canto, o meglio una cantilena lamentosa e assillante: *"Pim pun taratapita pita pirugia pim pun taratapita pita pirus"*. Era una voce infantile, ma con delle sfumature inquietanti che raggelavano il sangue; via via il ritmo della cantilena si faceva sempre più incalzante e serrato, gettando il gruppo di amici in una profonda angoscia, quando all'improvviso furono distratti da un fenomeno ancor più inquietante: un branco di bestie che avrebbero potuto essere cinghiali sfrecciò vicino a loro con la rapidità di un lampo.

Da dove venivano quegli animali? Com'erano arrivati fin lì? Erano pericolosi? Li stavano attaccando? Mentre si facevano queste domande, all'improvviso Fosca comparve alle loro spalle, sorprendendoli, poiché era arrivata dalla parte opposta rispetto a quella dove la stavano cercando: rideva, ma di un riso secco e duro, simile a una grandinata.

«Quest'isola ha visto cose che voi non potete nemmeno immaginare! In tutta la sua oscurità c'è del metodo!» La sua risata li aveva colpiti alle spalle, simile a una gragnuola ghiacciata. Era davvero di Fosca quella voce dalle sonorità metalliche? Si girarono verso di lei, qualcuno accese la torcia del cellulare per vederla meglio e trasecolò: non si trattava di Fosca, ma di una donna scheletrica dalle chiome lunghissime e intricate come la vegetazione che la circondava. La cantilena era ripresa assillante, mentre la donna si avvicinava con passi decisi. Non era sola: accanto a lei c'era una sagoma allampanata, indistinta, che indossava un camice bianco.

Uno del gruppo, preso da un sentimento incongruo e paradossale, si gettò contro le due figure che scomparvero, dissolvendosi in una nebbia lattiginosa. Era troppo: i ragazzi corsero al porticciolo, saltarono sopra la barca, sciolsero gli ormeggi, accesero il motore e partirono a tutta velocità.

Mentre la barca solcava rapidissima le acque nere della laguna, iniziarono a scoppiare i primi fuochi del Redentore, illuminando l'acqua con una cascata di lapilli infuocati.

E Marco? E Fosca?

Stupiti, si accorsero che si trovavano insieme a loro sul barchino: se ne stavano abbracciati, rilassati e indifferenti, passandosi l'un l'altra una bottiglia di Tequila da cui bevevano lunghe e voluttuose sorsate. Poveglia, l'isola nera, circondata dalla sua aura di mistero ormai sfumava nella tenebra, allontanandosi. Forse quegli inquietanti avvenimenti erano solo stati il sogno, o meglio, l'incubo collettivo, di una notte d'estate. Comunque, la notte era ancora giovane e i fuochi erano appena cominciati: c'era ancora tempo per bere e divertirsi, nonostante tutto e magari anche di approdare a un'altra isola per vivere altre avventure.

Queste storie hanno chiesto di essere scritte perché sono piccoli frammenti di quell'infinito e molteplice mosaico che è Venezia, in cui ci si perde costantemente. La sua bellezza non potrà essere scalfita, nonostante ogni giorno ci si lamenti per le condizioni critiche in cui versa a causa dell'esodo incessante della popolazione che l'ha ridotta a una riserva indiana, la diffusione di un turismo becero che la rende simile a un luna-park, la sua mercificazione che l'avvilisce e il suo destino di decadenza già in atto da parecchi secoli e su cui si sono versati fiumi d'inchiostro. Ma Venezia è grande, il suo nome è plurale, è un organismo complesso e molteplice, dal punto di vista territoriale, artistico, storico, sociale e culturale e va ben oltre all'immagine riduttiva che la definisce come un pesce o un quarto di manzo attaccato con un uncino alla terraferma.

A Venezia, ogni *"masegno"* (blocco di pietra squadrato utilizzato nella pavimentazione della città) porta impresso un segno e ogni segno ci racconta una storia, squadernando un inesauribile patrimonio di leggende, storie, tradizioni, misteri, segreti e magie. Venezia è il luogo del Barzakh, quel metafisico Paese del Non-Dove in cui tutto finisce e tutto ricomincia.

PIETRE RAMMEMORANTI

Il passato è una terra straniera
In cui ci avventuriamo esitanti
Circondati da immensi templi di pietra

Spostando il nostro punto di vista
Emergono aspetti inesplorati
Statue e colonne scandiscono
Misteriosi percorsi numinosi

Attraversando lunghe stagioni
Di silenzio si giunge
In territori di luce
Dove pietre rammemoranti
Idealiste e pervicaci
Trattengono le forme pallide
Del sogno

Solitudine

"C'è gente che può divertirsi soltanto intruppata. Il vero eroe si diverte da solo."

Charles Baudelaire da "Il mio cuore messo a nudo"

Molte persone non sanno stare da sole, se fanno qualcosa devono sempre essere in compagnia.

Io invece ho sempre amato la Solitudine, l'ho considerata un'alleata, una limpida sorgente a cui abbeverarmi, un modo per poter sentirmi perfettamente in armonia e in equilibrio con me stessa.

Nelle mie lunghe camminate solitarie sento l'energia fluire rapidamente nei miei passi. Da figlia unica, ho sempre ricercato la solitudine, trovando in lei un terreno fecondo per la concentrazione e l'immaginazione, una condizione imprescindibile per potermi addentrare nei territori interiori.

Da bambina giocavo per molte ore isolandomi dal mondo esterno, immergendomi completamente in una dimensione ricca di presenze e di esperienze. Mi bastava avere una scatola piena di bottoni, o alcune matite colorate e inventavo leggende, genealogie, storie complesse e intricate. Disegnavo giardini esotici, straripanti di vegetazione esuberante, palme, banani, cespugli di alloro, passiflora, vite americana.

Cancelli di ferro battuto sbarravano l'accesso all'Eden, all'impenetrabile Giardino delle Delizie, circonfuso da un alone di mistero. Proprio perché irraggiungibile, quel Giardino mi affascinava per il suo mistero e fantasticavo per ore pensando alle promesse e ai segreti che nascondeva.

Eden, Paraideza, Giardino recinto.

Solitudine è compagna, amica, fonte d'ispirazione per ogni attività creativa. Nel silenzio si attua un processo germinativo che permette ai pensieri di delinearsi, di strutturarsi, è uno stato di grazia in cui emergono intuizioni improvvise.

Solitudine è un manto ombroso che protegge e tutela, tenendoci lontani dalla chiacchiera sterile e avvilente. In compagnia si dicono un sacco di banalità e parole inutili che finiscono per degradarci, facendoci perdere concentrazione e intensità. In realtà nei momenti d'isolamento e concentrazione non siamo mai soli, ma accompagnati dal dialogo ininterrotto che abbiamo con le nostre Ombre, con le nostre Assenze.

Un dialogo nutriente e corroborante.

SOLEDAD

Tracce nere e profonde
In pozzi oscuri di silenzio
Profumi speziati emanano
L'ardore numinoso
Soli non si è mai
Si dialoga
Con le molteplici ombre
Della nostra assenza
Non so chi sei
Vertigine e vertice
Vetta e voluttà
Non sai dirmi
Le tue luci
Non lasciare la città
Cavalco la mia pena

E attingo balsami
Per lenire il mio dolore
Fantasmi si scollano
Dalle mie scapole
E spiegano ali
In un canto ininterrotto

Cammini

"Il viaggio più lungo inizia col muovere il piede di un passo"

Lao Tzu

Momenti preziosi di Solitudine si vivono anche durante le passeggiate solitarie. Camminare da soli è un modo per esercitare una forma di meditazione e concentrazione, per chiarirsi le idee mettere a fuoco i propri obiettivi, analizzare e risolvere problemi intricati.

È particolarmente bello iniziare a camminare con le prime luci del mattino. Il mondo è ancora nuovo, non è stato ancora intorbidato da parole, pensieri e opere.

Tutto è ancora possibile.

Eppure, ci sono molti cultori del *nordic walking* che, agguerriti e muniti di bastoncini, procedono chiacchierando ad alta voce allegramente in gruppo e sono entusiasti della loro attività. Indossano magliette dai colori acidi e hanno una divisa sportiva che li rende facilmente riconoscibili.

Non li giudico, ma io mi sento più una viandante solitaria e non mi piace che una passeggiata o un cammino si riducano a prestazioni sportive o a una camminata-diversivo per chiacchierare in compagnia.

Ogni ora, ogni giorno, ogni stagione, recano con sé doni meravigliosi, splendide epifanie, rivelazioni e apparizioni. Se tu sei intruppato, non puoi vedere la bellezza che varia nel dettaglio di ogni momento irrepetibile.

Viandanza all'alba
Finalmente sola
... ma che dico?
In compagnia
Delle voci e degli spiriti
Sempre presenti
in serrati dialoghi
con l'Invisibile

Ci sono esperienze che non racconterò in questo libro.
Ci sono misteri nella vita umana.

Non tutto può essere detto o scritto perché il raccontarlo lo svuoterebbe d'intensità. Tutti noi abbiamo una vita segreta che come tale ha il diritto di sottrarsi alla vista altrui. Tutto si compie nelle regioni interiori. Ci sono visioni e incontri talmente profondi che si può solo tacerne.

La loro forza destrutturante e salvifica s'incide nelle nostre fibre più profonde.
Raccontarli sarebbe profanarne il mistero.

Per i deserti campi

"E così sia: ma io/credo con altrettanta/forza in tutto il mio nulla,/perciò non ti ho perduto,/o, più ti perdo e più ti perdi,/più mi sei simile, più m'avvicini."

Andrea Zanzotto da "Così siamo"

Nel 1988 l'antropologo e filosofo francese Marc Augè, famoso per aver introdotto il concetto di non-luogo, scrisse un libro molto interessante, "*Un etnologo nel metrò*" in cui osservava che, per studiare popolazioni remote, non occorreva spingersi in Amazzonia o nel cuore dell'Africa, ma bastava prendere la metropolitana a Parigi: lì si poteva incontrare l'Altro nelle sue mille sfaccettature e complessità.

Quest'antropologia della vita quotidiana offre ancor oggi spunti di riflessione e ci permette di cogliere i cambiamenti avvenuti nel tempo e negli spazi urbani.

Quando ho deciso, all'inizio di gennaio 2019, di aprire la porta di casa e uscire per mettermi in cammino, attraversando la pianura padana del Nordest, da Venezia fino a Bologna, seguendo le tappe del Cammino di Sant'Antonio, non avevo la minima idea di che tipo di esperienza sarebbe stata. Sapevo che non sarebbe stata un'esperienza paragonabile a quella di altri cammini che avevo percorso, se non altro perché il territorio prescelto mi era familiare, pregno di memorie, tracce e reminiscenze di un passato in cui avevo vissuto. Essendo questo cammino molto lungo e impegnativo, ho deciso che sarebbe stato frammentario, l'avrei percorso a spizzichi e bocconi, quando se ne fosse presentata l'occasione, facendo una tappa alla volta, per poi la volta seguente ripartire dalla tappa in cui lo avevo interrotto. Così, da gennaio a maggio 2019 ho percorso complessivamente 170 km a piedi, facendo le seguenti tappe:

Camposampiero-Padova
Venezia-Dolo
Dolo-Padova
Padova-Monselice
Monselice-Rovigo
Rovigo-Polesella
Polesella-Ferrara
Ferrara-Malalbergo
Malalbergo-Castelmaggiore
Castelmaggiore-Bologna

Avevo voglia di capire come stava cambiando il territorio intorno a me. Attraversando la laguna e poi camminando lungo gli argini di fiumi come la Brenta, il Piovego, il Po, ho percepito trasformazioni profonde e mutamenti irreversibili.

Un po' anch'io mi sono sentita come Marc Augè, attenta a cogliere il cambiamento nello spazio del quotidiano, solo che invece di prendere il metrò ero una pellegrina solitaria (pellegrino deriva da "*per–agri*" = "*attraverso i campi*") che attraversava le campagne nel 2019.

Nel mio cammino mi accompagnava Rutilio Namaziano, del V sec d. C., autore del poemetto "*De reditu*". Il protagonista di quest'opera, in seguito alle invasioni dei Goti, è costretto ad abbandonare Roma, per tornare nella Gallia Narbonese, sua terra d'origine, a fronteggiare le scorrerie barbariche. Nel suo viaggio, che avviene per mare, poiché le vie di terra sono distrutte, racconta di un'Italia in bilico tra due mondi, vede città abbandonate, rovine e ruderi, ma coglie anche nuovi fermenti di realtà in divenire, rileva nuovi stili di vita che si fanno avanti (il diffondersi del Cristianesimo, il fenomeno del monachesimo). Il suo viaggio diviene così una sorta di ricapitolazione dei suoi vissuti. Nella sua mente sfilano persone, incontri, ricordi mitologici insieme a esperienze personali ed emotive; anch'io, percorrendo chilometri e chilometri attraverso la pianura padana, ricapitolavo i miei vissuti legati ai luoghi che via via andavo incontrando e perciò ho sentito questo autore in profonda consonanza con il mio sentire e mi ripetevo i suoi versi:

"Non si possono più riconoscere
i monumenti dell'epoca trascorsa,
immensi spalti ha consumato il tempo
vorace.
Restano solo tracce fra crolli e rovine
di muri,
giacciono tetti sepolti in vasti ruderi.
Non indignamoci che i corpi mortali
si disgreghino:
ecco che possono anche le città morire."

Ogni bar in cui mi sono fermata per rifocillarmi era gestito da cinesi, stabilitisi ormai in Italia da parecchio tempo, che parlavano perfettamente l'italiano e anche il dialetto. La dimensione che vi aleggiava era ancora quella familiare del bar di paese, con i pensionati seduti intorno a un tavolo intenti a giocare a carte e, a Monselice, ho visto una scena che mi ha ricordato il film di Andrea Segre del 2011 "*Io sono Li*".
Ho notato un ragazzo, innamorato perso, che fissava con intensità una giovane barista cinese, stringendole le mani,

mentre lei, seppur gentile nei suoi confronti, non era per nulla interessata alla faccenda.

Attraversando i campi in solitudine sono riuscita a cogliere dettagli e sfumature che forse in compagnia mi sarebbero sfuggiti: ho visto vecchie ville padronali divorate dalla vegetazione e abbandonate, ruderi di case coloniche che testimoniavano un mondo contadino ormai estinto e villette anni Settanta già avviate all'obsolescenza, residui di un mondo che era ancora pieno di speranze e di aspettative, ormai disattese. Crescita, benessere e sviluppo sono ormai sfumati da tempo per lasciar posto a un'inevitabile entropia: gli edifici sono decaduti, i genitori invecchiati o morti, i figli sono lontani, non c'è più nessuno che taglia l'erba del giardinetto, la cuccia del cane è vuota, gli alberi sono cresciuti troppo.

Alle finestre di qualche condominio, ora ci sono donne velate e nell'aria all'ora di pranzo si sente odore di cibi speziati. Eppure quel territorio in gran parte era ancora pregno di ricordi e memorie che mi appartenevano, in questi luoghi avevo avuto legami, affetti, avevo lavorato, su e giù per quelle campagne avevo vissuto momenti importanti e intensi della mia vita, anche se ora mi sentivo straniera.

Poco dopo Ferrara, in una zona di risaie, sono arrivata nel paese di Gallo, dove c'è una popolazione prevalentemente magrebina che crea un pittoresco contrasto: si vedono passeggiare sotto i portici, tra le chiese e le case coloniche, donne velate e uomini in djellaba. La popolazione è mutata e questa trasformazione è in atto già da tempo: anche camminando lungo gli argini delle periferie di Padova, Rovigo e Ferrara, si può notare una dimensione multietnica fortemente pronunciata che si mescola alla realtà autoctona in maniera inestricabile, tra gente che corre facendo jogging, persone che portano a spasso il cane o vanno in bicicletta.

I mutamenti sono già avvenuti, il cambiamento ha già portato i suoi effetti: paesaggio e veduta ormai si confondono, le immagini si sovrappongono e la lettura degli elementi tradizionali non è più riconoscibile poiché la koinè originaria si è dissolta per dar luogo a una Babele culturale.

In questa dimensione non più postmoderna e neppure surmoderna, ma piuttosto sincretistica, anche il paesaggio subisce interazioni e ibridazioni ineludibili che procedono per contrasto e assimilazione.

Le statue di Biancaneve e i Nani da giardino si mescolano a mani di Fatima e a banderuole che indicano la direzione della Mecca, capitelli dedicati a Sant'Antonio e alla Madonna coesistono insieme a graffianti graffiti di writers.

Ai viandanti solitari non resta che osservare il mutamento e prenderne atto, costruendo ponti per mondi a venire.

Sentiero Rilke

"Chi se io gridassi mi udirebbe mai
dalle schiere degli angeli ed anche
se uno di loro al cuore
mi prendesse, io verrei meno per la sua più forte
presenza."

Rainer Maria Rilke da "Elegie duinesi"

Poco prima del lockdown, ancora ignara del lungo periodo di clausura che si stava preparando, ho percorso il sentiero Rilke che si snoda a picco sul mare tra Sistiana e Duino. La giornata era luminosissima, con un cielo blu di smalto, in uno di quei giorni di febbraio che fanno dimenticare l'inverno. Mi convocavano su quel sentiero i versi delle "Elegie Duinesi" di Rilke che da qualche giorno continuavano a presentarsi prepotentemente alla mia mente, come un oracolo.

"Ogni angelo è tremendo.
E dunque io mi contengo, e serro in gola il richiamo
d'oscuro singulto. Ah, di chi sappiamo
giovarci? Non uomini, non angeli,
e le acute bestie già notano,
quanto poco sa per noi di focolare
il mondo interpretato. Forse ci resta
un qualsiasi albero sul declivio, così che ogni giorno
lo possiamo rivedere; ci resta la strada di ieri
ed il viziato esser fedeli ad un'abitudine,
che da noi bene si trovò, così restò e non se ne andò."

Rainer Maria Rilke da "Prima Elegia - Elegie duinesi"

Questi versi hanno aperto la via alla sensibilità novecentesca del pensiero duplice che si manifesta come slancio verso l'assoluto, sempre mediato dalla consapevolezza della precarietà e dalla fragilità umane.

Camminando tra sprazzi di luce e d'ombra, assaporavo l'aria mite, osservavo le primule che occhieggiavano tra rocce carsiche, guardavo la vegetazione ancora intorpidita dal letargo invernale, ma in procinto di risvegliarsi, i blu e gli azzurri profondissimi del cielo e del mare, il vertiginoso splendore biancheggiante delle falesie: tutto parlava di un futuro promettente, ancora ignaro del lungo e difficile periodo che si stava preparando. Inoltrarmi tra quelle rocce, nello snodarsi fascinoso del panorama in cui la veduta si trasformava in visione, mi permeava di meraviglia.
Limpidi, cristallini, i versi di Rilke scandivano il ritmo dei miei passi.

"Ma per noi, sentire è svanire; ah noi
ci esaliamo, sfumiamo; di brace in brace
buttiamo odore più lieve. Ecco, qualcuno ci dice:
sì tu mi entri nel sangue, questa stanza, la primavera,
s'empie di te. Che giova? Egli non può trattenerci,
noi svaniamo in lui e intorno a lui."

Rainer Maria Rilke da "Seconda Elegia – Elegie Duinesi"

Da Sistiana a Duino il tragitto non è lungo, sono poco più di quattro chilometri tra andata e ritorno, ma mentre lo si percorre, lo spazio si dilata fino ad assumere una dimensione atemporale. Tanti piccoli eventi suscitano stupore e meraviglia, come il volo di una farfalla, una barca che attraversa le acque, un fruscio tra l'erba, il grido di un gabbiano che divengono vere e proprie epifanie, annunci, sono portatori di turbamenti e illuminazioni. La componente carsica del terreno ci invita a investigare il profondo, la luce c'insegna la leggerezza immateriale, il mare evoca costantemente un Altrove. Per questo camminare sul sentiero Rilke diviene una vera e propria esperienza mistica, o meglio, ci si sente pervasi da un senso di comunione col paesaggio stesso.

Questa sensazione, se per certi versi ricorda il sentimento della natura tipico del Romanticismo, in questo caso ci traghetta ben oltre, in questa particolare congiuntura evidenziando anche il profondo senso di precarietà e di fragilità della natura stessa e in particolare dell'umano.

A una svolta del sentiero, compare il Castello di Duino, in cui Rilke iniziò nel gennaio del 1912 a scrivere le Elegie, ospite della principessa tedesca Marie von Thurn und Taxis, creando quel perfetto cammeo poetico di un sapere che annuncia i profondi mutamenti che irromperanno sulla scena con la storia del Novecento. Il percorso digrada fino a condurre davanti alle porte del Castello che trovo sbarrate, poiché già in vigore le norme restrittive del COVID che vietavano l'accesso ai musei e così il Castello assume connotazioni kafkiane. Questa impossibilità ad accedervi esalta il mistero della possibilità e differisce nel tempo l'occasione, creando in me un oscuro senso di attesa surreale.

Camminare sul sentiero Rilke, in quella particolare congiuntura, in prossimità della svolta inaspettata che di lì a qualche giorno avrebbero preso le nostre vite, è stata un'esperienza del profondo che si è radicata nella mia memoria. Tornando a casa, dopo quella giornata vissuta sul limite in tutti i sensi, limite del sentiero a picco sul mare, limite perché di lì a poco sarebbe iniziata una nuova fase, strana e complessa delle nostre vite, mi sono scaturiti dalla penna, quasi in stato di trance questi versi, un omaggio a

Rilke, un omaggio al sentiero, alla vertigine e all'incertezza che minano l'esistenza stessa.

SENTIERO RILKE

Sistiana- Duino 28 Febbraio 2020

E dunque torniamo a percorrere il lontano
E nel lontano perdiamoci
Come tempeste di vento
Tra i primi fiori ostinati
Su rocce carsiche
A picco sulle falesie
Perché parola matura
In dissolvimento
Cresce poeticamente oscura
Si radica nel corpo
Sottraendosi alle voci plumbee
Della notte
E dunque ritorniamo a quel giardino
Che ostenta le sue primule
Promessa estrema
Di un divenire impossibile
Procedendo in arcana leggerezza
Scagliati in un trasmutare incessante
Incompiuti e inconclusi
In nessun luogo da nessuna parte
Trascorriamo incessantemente
L'inizio è vivida epifania
Ma il bello si sottrae
Ad ogni calcolo
E nello scacco di quest'assenza
Ci tocca abitare
Discrepanza è il terribile

Dio oscuro ed efferato
Che quando realtà ci trascende
Ci lascia appassire sulla soglia
Il reale si frantuma
In spicchi di universi
Diviene fiammeggiante
Testimone della notte
Transfuga che attraversa confini
In dispersione cosmica
Mi trascendo e mi disperdo
Specchio e spettro
Di inizi indefiniti
In continuo oltrepassamento
M'interrogo sulla solitudine dell'Altro
Immagine franta
Riflessa nella pupilla interiore
La radice di questo sradicamento
Avvelena la visione
Mi depista e mi confonde
Con promesse di non essere
È un dono terribile
Ripartire da questo vuoto
Accogliere quest'ombra
Che mi segue e precede
Sono attimi discontinui
Nel protrarsi della vertigine
Riconosco il dolore
Del confine attraversato
La perla che si forma
Grazie alla ferita
Si diviene nulla
Nella disgregazione
D'identità strappate

Alla storia
Conoscenza è poca cosa
Torto e abuso
Promessa tracotante
Di attraversamenti
Resta l'oscuro canto
Del sentiero che si snoda
In prossimità della caduta

da "Quanto dista Finisterre?" Supernova, 2020

Pellegrinaggio d'autunno

Monselice- Arquà Petrarca 8 Novembre 2020

"Io veglierò, per quanto siami possibile a raccogliere gli sparsi frammenti dell'animo mio."

Francesco Petrarca dal "Secretum"

In un mite mattino d'autunno ho sentito una chiamata ineludibile, un invito ad avventurarmi in un percorso tutto interiore che avevo progettato di fare da tempo e che ora mi convocava prepotentemente.

Ho preso il treno e sono scesa a Monselice. Il mio intento era di raggiungere a piedi Arquà Petrarca, attraverso i Colli Euganei. Mi chiamava il desiderio di andare per sentieri segreti. Avevo studiato il percorso, si trattava poco più di una semplice passeggiata, ma era un desiderio complesso che mi conduceva a peregrinare in quei luoghi.

Avevo bisogno di pensare, di elaborare, camminando, le impressioni che mi avevano attraversato nei mesi difficili dell'inverno e della primavera 2020.

Sentivo la necessità d'immergermi nella dolcezza di quel paesaggio straordinario, pervaso del fascino e dell'armonia che caratterizza i Colli Euganei. E così, uscita dalla stazione di Monselice, allontanandomi dal paese, ho iniziato a percorrere una strada in salita, lasciandomi alle spalle il centro abitato. Le case si diradavano e più salivo, più mi pervadeva una quiete mista a una lieve euforia per essere riuscita a realizzare quanto mi ero prefissa da tempo.

La luce giallo-dorata di novembre mi avvolgeva nelle sue auree spire e accompagnava il mio andare.

Pensavo a Francesco Petrarca che aveva scelto di trascorrere gli ultimi anni della sua vita in questi luoghi così sereni, pensavo alla sua anima malinconica, inquieta, sempre divisa tra il desiderio d'inseguire le passioni mondane e l'anelito a ritornare in se stesso, per scoprire i tesori nascosti che offre la vita interiore.

Petrarca è un poeta per il quale nutro sentimenti ambivalenti: se da un lato ammiro la limpida eleganza dei suoi versi, la capacità ineguagliabile di dialogare col mondo antico, la spiritualità tormentata, dall'altro m'irrita un certo suo autocompiacimento nell'esporre la sua fragilità, il suo essere vulnerabile, il suo indulgere accidioso a crogiolarsi nella malinconia, senza far nulla per rialzarsi da questa condizione. Eppure, in quel mattino d'autunno, ero stata convocata da lui. Camminando, mi ero lasciata alle spalle le ultime case, e procedevo girando intorno a Cava della Mora continuando a pensare al poeta, ai suoi punti di forza e ai suoi limiti.

Talvolta nelle sue pagine, sentivo trasparire la *techne* ineccepibile, il consumato artificio della sua scrittura e questo mi allontanava da lui, eppure la descrizione della sua salita al Monte Ventoso era una tra le cose più affascinanti che avevo letto ed era rimasta per me il luminoso esempio di come un'ascesa fisica possa trasformarsi in ascesa spirituale.

Il Monte Ventoso, insieme al Monte Carmelo, al Monte Sinai, al Monte Meru, al Monte Analogo e a molti altri, si configura come archetipo della Montagna Sacra e, come per tutte le Montagne Sacre che si rispettino, la sua ascesa è ricca di seduzioni e di agguati. Dopo Cava della Mora la strada scollina e si è sorpresi da uno scenario affascinante. Rosseggianti vigneti, attraversati dai raggi obliqui del sole, creano un'atmosfera incantata che ricorda certi versi di Rimbaud, grande viandante e grande camminatore, che ben conosceva e amava

i paesaggi autunnali. Questa visione mi offriva conforto e ristoro.

"Sui declivi, mèssi di fiori grandi come le nostre armi e le nostre coppe, mugghiano. Cortei di Mab, in vesti color ruggine, opaline, salgono dalle forre. Lassù, con le zampe nelle cascate, i cervi poppano Diana."

Arthur Rimbaud da "Città"

Pensavo che più ci si allontana dalla condizione ordinaria, fatta di poveri rituali ripetitivi, dettati dalla fragilità e dall'insicurezza, più si penetra in una dimensione atemporale che ci permette di poter dialogare con i grandi del passato.

Camminando, mi lasciavo sorprendere dal volo di una gazza o dall'apparizione di qualche gatto che mi faceva pensare che Francesco Petrarca, come tutti i poeti e gli scrittori (Poe, Baudelaire, Pound, Eliot, Campo, Ortese, Burroughs) amava questi animali, e infatti nella sua casa museo, ad Arquà Petrarca si trova ancora la sua amata gatta imbalsamata (in seguito ho scoperto che si tratta di un falso storico, ma ciò non toglie fascino alla leggenda).

Procedendo immersa in questo splendore di oro rugginoso, mentre in lontananza si delineava il bellissimo borgo medievale di Arquà, pensavo al vuoto culturale che si sta sempre più espandendo in questi tempi di pandemia, alla paura che frena, non solo i passi, ma anche i pensieri. Il campo d'azione di ognuno si fa sempre più circoscritto, il modo di pensare sempre più limitato, gli orizzonti si restringono, i sogni si depauperano, prevale l'angoscia.

Angoscia: deriva dal tedesco "*angst*", e significa ansia, mancanza di respiro, ma anche angustia, come angusto è il pensiero prigioniero dei luoghi comuni. Pensavo al dominante neo-puritanesimo conformista del linguaggio che giunge a paradossi d'ipocrisia: basti pensare che in una scuola americana si è arrivati a bandire Omero dai programmi perché considerato maschilista.

Intanto mi avvicinavo sempre più alla grazia appartata di Arquà, alle sue belle e austere case di pietra. Mi sorprende sempre l'atmosfera serena e imperturbabile che aleggia in questo luogo, per me immagine di perfetta armonia.

Entrando nel borgo apprezzavo le stradine medievali piene di persone che, complice la bella e mite giornata autunnale, passeggiavano e mangiavano all'aperto. (Arquà Petrarca è anche una delle tappe del Cammino di Sant'Antonio che da Padova va fino a La Verna, attraversando l'Italia centro - settentrionale per 430 chilometri).

Dopo essermi rifocillata, seduta al tavolino di un ristorante all'aria aperta, accarezzata dalla luce calda e radente del sole d'autunno, sono entrata nella chiesa di Santa Maria Assunta, davanti alla quale, in un'arca di porfido rosso riposano le spoglie mortali di Francesco Petrarca e mi sono ricordata di una poesia che aveva scritto mia madre tanti anni fa nella quale evocava proprio questi luoghi:

NELLA CASA DEL PETRARCA AD ARQUÀ

Quale sereno morire del giorno
entro questa ridente chiostra verde
di colline! Ma che pensavi, dimmi,
quando l'occiduo sol incendiar parea
i vetri dello studio? Terminato
ormai il corso di tua vita, volgevi
l'animo alla morte. Come tremava
allora il cuore al ricordo del tempo
che credevi perduto nell'insania

d'amor di cui schiavo sempre fosti.
E simile a viandante sprovveduto
umilmente la Vergine invocasti
che ti scortasse all'ultimo giudizio.
Oh non ti dolga se per rime sparse
di tante lacrime e lunghi sospiri
un'umanissima eco a noi lasciasti!
Affogati nel vivere moderno,
meraviglioso dono è a noi il tuo canto,
perché lo spirto ancor s'alletta ai dolci
sogni. Riposa dunque in pace là,
nella tua urna di porfido rossa
e a sera ascolta lo stridere lieto
delle rondini e il vociare dei bimbi
che per la via, graziosi, vanno offrendo
al passeggier purpurei melograni.

Gemma Guidorizzi Tasinato, da "Non vale il rimpianto" Rebellato Editore, 1961

Nella quieta penombra della chiesa ho lasciato un'offerta e preso da un cestino di vimini, esposto a quello scopo, due sacchettini di lavanda che ho portato con me. Ho sempre amato il profumo della lavanda, mi rasserena e mi calma facendomi pensare ai bellissimi campi viola di Provenza, ai luoghi che Francesco Petrarca conosceva bene, avendo vissuto per molti anni ad Avignone, città teatro del fatale incontro (reale o simbolico?) con Laura.

Poi, uscita dalla chiesa, ho cominciato a percorrere a ritroso il cammino, dirigendomi verso Monselice, mentre il sole cominciava a declinare. Sentivo che il mio era una sorta di pellegrinaggio spirituale che mi aveva condotto a luoghi e a memorie perdute, simile a quello raccontato da Herman Hesse nei tre racconti raccolti nel libro "*Pellegrinaggio d'autunno*" di cui mi riaffioravano alla memoria certi passaggi intensi, ricchi di sfumature contemplative, evocando da parte del protagonista una comunione mistica con la natura:

"Una cosa mi pare strana e incomprensibile...: come un albero s' innalzi verso il cielo e come i venti, senza rumore, posino in una valle; come le foglie gialle della betulla cadano dai rami e come gli stormi di uccelli trovino la strada nel cielo azzurro. Quell'eterno mistero ci stringe il cuore in modo così umiliante e dolce al tempo stesso che deponiamo ogni superbia, quella superbia con cui di solito si parla dell'inesplicabile, ma, ben lungi dal soccombere, accogliamo grati ogni cosa e, con modestia e orgoglio, ci sentiamo ospiti dell'universo..."

Herman Hesse da "Pellegrinaggio d'autunno"

Herman Hesse scriveva di atmosfere incantate in cui gli alberi, prima di perdere le foglie, si tingono di una luce rosso-dorata rendendo inclini alla rimembranza, raccontava il viaggio interiore del protagonista, un viaggio pallido e spettrale, avvolto nella nebbia, in cui le cose lontane sembrava vicine e quelle vicine lontane.

In un altro brano Herman Hesse scrive:

"Man mano che salivo, il vento aumentava. Cantava una melodia autunnale, con gemiti e risa, accennando a passioni favolose accanto alle quali le nostre non erano altro che bambinate. Mi gridava all'orecchio parole mai udite, di un mondo primigenio, come nomi di dèi antichi. Dipingeva su tutto il cielo, coi rimasugli delle nuvole erranti, strisce parallele

che contenevano qualcosa di dominato a stento e sotto le quali i monti parevano incurvarsi."

Herman Hesse da "Pellegrinaggio d'autunno"

Sono arrivata a Monselice che ormai imbruniva, ne ho percorso le strade e la piazza animata e vivace per poi tornare in stazione e riprendere il treno che mi avrebbe ricondotta a Venezia. In treno ripensavo in particolare a un'opera di Francesco Petrarca, il "*Secretum*" che appartiene al genere letterario della confessione, ispirata al libro che è il precursore di questo genere "Le Confessioni" di Sant'Agostino d'Ippona, ricordata da Maria Zambrano nel bellissimo saggio "*La confessione come genere letterario*".

La confessione è un genere di scrittura a metà strada tra la filosofia e la letteratura che nasce quando Verità e Vita non vanno più d'accordo. Alla sua origine sta la coscienza di aver errato, coscienza che genera una lotta con se stessi, una sorta di travagliata Psicomachia.

Nel "*Secretum*" il poeta instaura un dialogo con il santo filosofo, raccontandogli il segreto conflitto delle sue angosce, parlandogli della sua accidia e della sua mancanza di appagamento e soddisfazione.

In treno, pensavo che ognuno di noi dovrebbe prendere in consegna le sue angosce, le sue fragilità, le sue incertezze e accogliendole riuscire a trasformarle in energie positive e creative. Camminare da soli, essere anonimi, sconosciuti viandanti, permette di liberarsi da quel senso d'importanza personale che rende le relazioni con il mondo difficili e accidentate, ascoltare la voce delle stagioni, dialogare con i paesaggi e con le presenze del passato, comprendendo che altri prima di noi hanno sostenuto queste battaglie interiori, è forse la cura migliore contro il vuoto e la miseria dell'oggi.

Poi, tornata a casa, ho scritto questi versi:

SENTIERI APPARTATI

Percorrendo sentieri appartati
Mi dirigo verso i luoghi della poesia
Costeggiando vigneti d'oro brunito
Meditando in silenzio
Lontano dalle umane contese
Percorro solitudini che ristorano
Raccolgo immagini di luce
Memorie ex voti d'argento
Raccolgo segni nel cielo
E sulla terra
Frammenti d'anima
Che come rime sparse
Si ricompongono
In una segreta melodia

Appennino

"Perché voi state forse ancor pensivo
d'udir nòve di me, poscia ch'i corsi
su quest'antica montagna de gli orsi
de l'aere e di mio stato vi scrivo"

Cino da Pistoia, CLXII del Canzoniere

Anche se non ci vado spesso, amo molto l'Appennino tosco-emiliano, terra originaria della mia nonna materna e quando mi reco lì per andare a trovare mia cugina Maria che ha mantenuto la casa avita, ritrovo quella dimensione arcaica che mi rimette in contatto con le mie radici.

La natura selvaggia, i boschi di castagni, i cervi, i cinghiali, le lucciole che ancora si vedono nelle notti d'inizio estate, tutto questo m'infonde un senso profondo di benessere e di libertà.

Essere sconosciuti e camminare dentro un bosco è un'esperienza che ci riempie di bellezza e di energia, che ci ristora e risana dalle mille complicazioni della nostra vita cittadina. L'Appennino tosco-emiliano possiede una bellezza impervia e selvaggia, è un sentiero sospeso tra due mondi, immerso in una natura incontaminata e pieno di fascino arcano.

Nell'ultimo secolo c'è stato un forte abbandono del territorio appenninico da parte della popolazione, che è scesa a valle per vivere e per questo motivo molti paesi e gruppi di case sono rimasti disabitati o semiabbandonati.

ABSCONDITA

Veramente in salvo
Si è solo dentro al bosco
Lì dove non c'è nessuna impronta
Ma vivo fiato di presenze animali

Nessun debito è assolto
Nell'urgenza del congedo
Meglio un rapido saluto
Senza alcuna rivalsa

Ci sono cose che le parole non dicono
Che passano attraverso i sensi
Per trasformarsi in presenza latente
Che ci cammina silenziosa al fianco

Ho sempre amato camminare immersa nella natura e nel paesaggio, lasciandomi incantare dal colore delle stagioni che mutano da un giorno all'altro, da un mese all'altro, creando diverse suggestioni e atmosfere. Non si può mai dire di aver fatto un cammino, perché questo cambia con il mutare delle stagioni e delle diverse condizioni metereologiche, quindi ogni cammino, anche quando ripetuto, assume un aspetto nuovo, capace di stupire e meravigliare. Ho sempre camminato molto attraversando città, periferie, zone indistinte in cui la natura selvaggia s'insinua in spazi già colonizzati.

Ho amato molto camminare anche sulla riva del mare e raccogliere le conchiglie sulla riva, ascoltando la voce della risacca nel suo divenire incessante. Amo moltissimo inoltrarmi nei boschi in autunno, quando il fogliame assume il colore dell'oro brunito o in primavera, quando i bucaneve spuntano irradiando il biancore della loro gloria. Amo in particolare camminare nell'Appennino tosco-emiliano, dove i miei passi incontrano le radici delle mie genealogie, luoghi che divengono sempre più importanti col trascorrere del tempo.

QUESTE FONDAMENTA COSTRUITE DAGLI AVI

Radici di roccia
Per una casa incrollabile
Ma abbandonata

Dove sono andati
I costruttori
Gente che sapeva
Usare il piccone e la mazza

Abitavano le alture
Di questa valle tenebrosa

Quando le ombre si espandono
Ritorna la memoria
Nel vento di libeccio
Nel cigolare dei tronchi
Percossi dalle sue folate

La notte la casa rimane vuota
Un fantasma di pietra
Immobile nel buio
Abitato dal silenzio

Questi luoghi, abitati da presenze, mi raccontano vicende trascorse e si sottraggono al tempo, mi calmano e mi rassicurano, mi fanno sentire libera da ogni ruolo e compito, mi riconnettono coi miei antenati.

SENTIERI INTERROTTI

Sentieri interrotti
Vie d'ombra
Si sfilacciano lente
Tra le spire dei monti

"Alzati e vieni fuori!"
Nessun sentiero interno
Ti porterà più altrove
Di quest'inerpicarsi in salita

Segui le tracce
Che diventano segni
Ascolta il riverbero
Del torrente che scroscia
Tra fianchi di pietra

I sentieri si cancellano
Quando nessun passo
Li percorre
E tornano ad essere
Selva sconosciuta

Camminare per ore e ore, fino allo sfinimento, permette di far emergere energie e emozioni che in altre condizioni non emergerebbero. Ma il senso più profondo di quest'esperienza mi è venuto dal Cammino di Santiago di Compostela, un percorso attraversato da una corrente magica e che ho compiuto per cinque volte.

Il cammino per Santiago de Compostela

"Viandante, sono le tue orme il cammino e nient'altro;
Viandante, non c'è sentiero, il sentiero si fa camminando.
Camminando si traccia il sentiero e volgendosi indietro si vede il sentiero che mai si rifarà.
Viandante, non c'è cammino, soltanto scie sul mare."

Antonio Machado da "Caminante"

Quando ho cominciato a desiderare di mettermi in Cammino per Santiago di Compostela? Tantissimo tempo fa, dopo aver visto lo splendido quanto enigmatico film di Luis Buñuel "*La Via Lattea*" che racconta le avventure di due vagabondi-pellegrini, Pierre e Jean, che attraversano a piedi la Francia e la Spagna percorrendo il Cammino di Santiago. La vicenda si snoda al di fuori delle categorie spazio-temporali ed è un'occasione per produrre importanti riflessioni sul sacro e sulla storia del Cristianesimo (eresie comprese). Questo film aveva esercitato su di me una grandissima attrazione e mi ero ripromessa che prima o poi anch'io mi sarei diretta in pellegrinaggio verso Santiago di Compostela.

All'Università, studiando la Storia Medievale e le antiche vie percorse dai pellegrini, questo desiderio si è rinnovato, fino al momento in cui, intorno ai venticinque anni, ho cercato di realizzare in parte questo sogno in occasione di un viaggio in automobile attraverso la Spagna.

Avevo iniziato a toccare alcune delle tappe che caratterizzano il Cammino tra Francia e Spagna, ma Piero, il mio compagno di viaggio, che poi è diventato mio marito, mi propose di andare verso Sud, in Andalusia, così cambiammo direzione e visitammo Cordova, Granada, Siviglia.

Fu una bellissima esperienza, ma fu un'altra cosa.

Per molti anni continuai a sentirmi come una freccia che aveva mancato il bersaglio e che continuava ad andare verso altre direzioni. Eppure, dentro di me, la fiamma di questo desiderio, mai sopito, cresceva, il Cammino mi chiamava e sentivo che prima o poi avrei compiuto questa esperienza.

Gli anni passavano e non accadeva nulla.

Col tempo però si giunge in un territorio dell'esistenza in cui si comincia a comprendere che certe attese non vanno più dilazionate, che gran parte di quanto ci accade dipende dalla nostra intenzione e motivazione, che i desideri non devono diventare rimpianti, ma prendere corpo e sostanza, realizzandosi. Era giunta per me l'ora di mettermi in Cammino, ma il Cammino faceva già parte di me da tanto tempo.

Inutile raccontare quanti segni, quante chiamate ineludibili ho ricevuto in quel periodo e quanta energia mi ha dato l'essere approdata a questa decisione. (Non dimentichiamo che "decisione" deriva dal verbo latino "decidere" composto di "*de*" e "*caedere*" tagliare, tagliar via, risolvere, stabilire, fissare.)

Dopo aver troncato così ogni indugio, cominciava la parte preliminare del viaggio, caratterizzata dalle reazioni dell'ambiente circostante alla notizia che mi sarei messa in cammino. È sempre interessante osservare in occasione delle scelte importanti della nostra vita, le reazioni delle persone intorno a noi: poche, anzi pochissime ci sosterranno e comprenderanno appieno il senso di quello che facciamo e il valore che ha per noi. Ci sarà la tendenza a generalizzare, banalizzare, deridere, svilire, problematizzare quanto per noi è importante, prezioso e irrinunciabile. Ci sarà qualcuno che dice "Vengo anch'io!" ma tu sai già che quel viaggio lo vuoi fare rigorosamente da sola.

Perché si tratta di un appuntamento con te stessa cui hai mancato per tanto, troppo tempo.

Perché non hai voglia di sentirti intruppata in situazioni che conosci già.

Perché non è solo un viaggio dei piedi, ma anche della mente e del cuore.

Qual è il motivo di questa chiamata? Cosa ci induce a metterci per strada, a farci percorrere dai venti ai quaranta chilometri al giorno con uno zaino in spalla sotto il sole rovente, sotto la pioggia più persistente, esposti alle intemperie, soli in terre sconosciute quando si potrebbe andare in luoghi molto più comodi e accoglienti in buona compagnia? Non tutti sentono questa chiamata, non tutti desiderano questo genere di cose. Eppure, nel DNA di alcune persone e certamente in quello dei pellegrini che ho conosciuto, c'è questo richiamo ancestrale che diviene una necessità vera e propria, che forse risale al tempo in cui le popolazioni preistoriche dei cacciatori-raccoglitori si spostavano, coprendo considerevoli distanze per procacciarsi il cibo, ma anche per venire in contatto con situazioni, luoghi e individui coi quali sarebbe stato impossibile entrare in contatto se fossero rimasti fermi. Motivi religiosi?

L'Apostolo Jago, nella Spagna della Reconquista, assume l'appellativo di Matamoros, adombrando i tratti di un cavaliere sanguinario in groppa a un cavallo bianco, sotto il quale stanno le teste mozzate dei Mori che ha ucciso in battaglia. A Compostela, nella stessa cattedrale di Santiago, c'è una statua che lo rappresenta in questo aspetto, anche se le ultime istanze "politically correct" tendono a nascondere le figure dei Mori uccisi sotto una profluvie di fiori. L'ultima volta che sono entrata nella cattedrale (giugno 2022) non c'era più.

Viaggiando, ho avuto modo di vedere come le caratteristiche dell'Apostolo si adattino ai diversi luoghi in cui si doveva affermare il trionfo della fede cristiana: in Perù Santiago è Mataincas, a Cuba è Mataindios diventando così un emblema della colonizzazione più violenta e feroce. Ma di cosa ci scandalizziamo? Re e Imperatori furono sterminatori inflessibili dei popoli che avevano assoggettato e allora perché i Santi dovrebbero essere da meno?

Il Santiago che amo però è un altro, quello munito di mantello, bisaccia, bordone e cappello sul quale sta affissa la Vieira o Concha, la conchiglia che i pellegrini raccolgono sulle spiagge di Finisterre, per attestare l'avvenuto pellegrinaggio.

Il Santiago che amo è più simile ad un sadhu indù in versione occidentale. È il Santo viandante, solitario, che attraversa impavido terre selvagge.

È questo il Santiago che parla alla mia immaginazione, quello con il quale mi sento in consonanza. Oppure sono motivi di carattere spirituale, di ricerca personale che ci inducono a partire? Ogni risposta che si può dare appare riduttiva e inadeguata davanti alla complessità di motivazioni che induce ogni individuo a pervenire a questo genere di scelta. Spesso rimane un mistero.

Forse l'unica risposta accettabile per quanti si decidono a compiere questo passo è "Il desiderio di mettersi in Cammino." La via che conduce a Compostela e poi fino a Muxia e a Finisterre, paesi affacciati sulle rive dell'Oceano, è una via antichissima. Un tempo giungere agli estremi confini dell'Occidente significava percorrere la via oscura dei morti, compiere un rito iniziatico di rigenerazione. Antichissime vie conducevano in Galizia, nel megalitico, in età romana, nel medioevo.

La via verso la terra dei morti fu aperta trentamila anni fa da ondate di camminanti che seguivano le stelle e questo richiamo continua a essere vivo e operante anche oggi.

Mesetas, solitudini metafisiche

Cammino Francese
Carrion de los Condes – Leon- Santiago de Compostela
24 giugno 2016 – 2 luglio 2016

La mia prima parte del Cammino inizia a Carrion de los Condes, nel cuore delle mesetas: percorrere le solitudini immense che caratterizzano questi altopiani è come immettersi in una corrente magica in cui la dimensione simbolica prende il sopravvento. Alzarsi con il buio, cominciare a camminare e subito sentirsi parte di un disegno più grande, ricevere il saluto "Buen Camino" da altri viandanti che procedono con te, con il medesimo intento, è un'emozione indescrivibile. E poi immergersi nello spazio illimitato del paesaggio, percepire l'odore che esala la terra quando comincia ad albeggiare, mentre la luce che si fa più profonda espande il suo chiarore. Nel diffondersi della luce, mi viene incontro un'autentica visione: un uomo guida un calesse al quale sono aggiogati due cavalli, uno bianco e uno nero.

Impossibile non pensare al mito del carro platonico descritto nel Fedro. L'auriga mi saluta e procede in senso inverso al mio andare. Più in là incontro un cane bianco e nero: mi offre la sintesi e il superamento del dualismo simbolico dell'incontro precedente. Camminando, l'attenzione si fa più vigile: i sensi percepiscono ogni segno, ogni disegno.

Sarà lo spazio così ampio, la luce, ma ogni pensiero si amplifica e rivela nuove sfumature di senso. Mi accorgo che, camminando verso Ovest (e per lo più si cammina di mattina) il sole è sempre alle nostre spalle, per cui l'ombra si proietta davanti al corpo. Andando verso Occidente, percorrendo l'antica via dei morti, è inevitabile dialogare con la propria Ombra, con le proprie paure, i propri fantasmi.

Dialogando con lei affiorano ricordi lontanissimi, esperienze irrisolte, traumi mai superati, antiche ferite e rivivendo tutto questo si riesce a trasformarli. Sul cammino, stati d'animo e situazioni cambiano all'improvviso: un momento prima si è soli, il momento dopo hai al fianco dei compagni di viaggio ai quali racconti di te cose che non hai mai detto a nessuno; un momento prima subisci l'agguato di qualche ricordo tormentoso, un attimo dopo ti tuffi nella leggerezza, nella levità di un'immagine che ti emoziona e cattura.

Sul Cammino capita anche di perdersi: a me è capitato nel momento in cui ho cominciato a seguire qualcun altro, un pellegrino davanti a me che camminava attraversando campi gialli di stoppie. Mi pareva così sicuro del suo andare che mi sono messa dietro i suoi passi, ma dopo un po' mi sono accorta che quella non era la strada giusta. Mentre tornavo indietro, ho provato a chiamarlo per avvertirlo, ma lui, col suo zaino, sfumava in lontananza con ampie falcate, sparendo alla mia vista. Ho compreso che è meglio non seguire mai i passi di qualcun altro.

Per dormire ci sono *albergues* accoglienti ricchi di atmosfera con splendidi e calorosi *hospitaleros* nei quali però si celano insidie: una notte l'ho trascorsa attaccata dalle cimici che mi hanno martoriata. L'indomani però sono partita lo stesso, provata ma contenta! Non sono state certo le cimici a togliermi la voglia di camminare. E poi, l'*hospitalero* Pepe mi ha abbracciata, augurandomi: «Buen Camino» e questo mi ha compensato di ogni disagio e di ogni puntura di cimice.

Camminare è pura felicità.

A ogni passo il paesaggio si amplifica, vengono incontro dettagli nuovi, ciò che era lontano si avvicina, ciò che era vicino sfuma in lontananza. S'impara ad andare incontro ai luoghi, alle persone e ai paesaggi, ma anche a lasciarli andare: non possiamo trattenere nulla, se non nel ricordo che rimane in noi. Lungo la strada è bello fermarsi per bere l'acqua alle fontane, riposare brevemente per poi riprendere il Cammino con rinnovata energia. Sostare nei paesi assolati, sotto un sole feroce, tra muri arroventati dalla calura, bere una birra ghiacciata insieme a una tortilla in un luogo di ristoro sul Cammino, procura una serenità e una soddisfazione profonde.

Camminando nella calura ardente delle mesetas può capitare di avere strane percezioni: con la coda dell'occhio mi è sembrato di vedere anche Santiago in veste di Viandante che mi camminava al fianco, col suo bordone e la sua bisaccia. Percepivo la sua presenza silenziosa e partecipe che si mescolava a quella degli altri viandanti.

Il Cammino coinvolge tutti gli stati dell'essere: è un'esperienza nella quale si è totalmente presenti al momento in cui si vive. Sul Cammino si fanno molti incontri: ogni cammino tiene in serbo per te dei compagni di viaggio speciali che con le loro storie, il loro modo di affrontare le circostanze della vita, la loro fragilità e il loro coraggio, la loro unicità, comunicano significati profondi. Percorrere insieme un tratto di strada crea un'intimità e una complicità uniche che durano per tutta la vita: non importa se ci s'incontrerà di nuovo o se le strade si divideranno per sempre, l'importante è aver camminato insieme in veste di pellegrini e questa è un'esperienza che lega per sempre persone che altrimenti non si sarebbero mai incontrate.

Man mano che si procede, il paesaggio cambia: il mio primo assaggio di Cammino sta per terminare, mi sto avvicinando a

Leon, la città in cui cesserò di essere pellegrina e tornerò ad essere turista (da Leon prenderò il treno per raggiungere Santiago e da lì l'aereo per tornare a casa).

L'ingresso in città è lungo, difficile: le mesetas cominciano a ibridarsi con una periferia caratterizzata da capannoni industriali, officine, autostrade, cavalcavia, è un magma indistinto di edifici disposti in disordine. Procedo in mezzo a questo squallore, rendendomi conto solo ora della limpida e assoluta bellezza dei luoghi che ho attraversato.

Le mesetas sono caratterizzate da un paesaggio ondulato, da campi di grano e girasoli che si estendono a perdita d'occhio: non tutti sono in grado di sopportare questi spazi aperti e sconfinati, per qualcuno divengono addirittura intollerabili e li vive in modo angosciante, percependoli quasi come una minaccia incombente; per altri invece sono l'immagine stessa della libertà e dell'apertura. Superata l'interminabile periferia di Leon, si entra nel cuore della splendida città: subito lo spirito del luogo mi viene incontro con la sua fiera bellezza.

Qualcosa muta, cambia il mio modo di sentire, ho perso di vista i miei compagni di cammino, torno a essere una turista qualsiasi. La sensazione non mi piace, la trovo angosciante: vedendo altri pellegrini attraversare il ponte sul fiume Bernesga, andando oltre, provo già un'acuta nostalgia e mi viene da piangere perché il mio Cammino è terminato e io vorrei continuare ad andare.

Mi riprometto che l'anno prossimo tornerò qui e proprio da questo ponte ricomincerò ad andare verso Santiago di Compostela.

E come freccia desiderante varcare il ponte

Cammino Francese
Leon- Santiago de Compostela
26 giugno 2017 – 8 luglio 2017

Dopo un anno, tornare a Leon e varcare finalmente il ponte che attraversa il Rio Bernesga, lasciandomi alle spalle il centro della città gloriosa, è pura felicità. Mi sono subito ritrovata dentro quel flusso magnetico che mi fa comprendere come tutto il tempo trascorso non sia stato altro che una parentesi, una pausa del Cammino.

Ora sono qui per onorare la mia promessa e ricominciare da dove la mia avventura era terminata. La periferia di Leon sembra non finire mai, ma io non vedo altro che *las flechas amarillas* (frecce gialle) che m'indicano la direzione. Finalmente imbocco una strada che si snoda in salita e, lasciandomi alle spalle capannoni industriali, officine e prati incolti, mi ritrovo in un paesaggio surreale, costellato di abitazioni che fanno pensare alle case degli gnomi, col tetto d'erba e bizzarri camini sbilenchi. Procedo sola, leggera e contenta e gli spazi si fanno aperti, silenziosi, deserti.

Tra scrosci d'acqua e lampi di sole, sono tornata finalmente a essere straniera, pellegrina. La solitudine sul Cammino è rigenerante, ma poi gli incontri accadono, accadono sempre. Ci sono contingenze, sbalzi di energia, variazioni apparentemente impercettibili, che creano varchi all'interno della solitudine del viandante, preparando il terreno per l'incontro che diviene epifania, sacra rivelazione dell'Altro.

Un momento prima sei completamente solo, un attimo dopo qualcuno ti cammina al fianco e questo perfetto Sconosciuto, diventa subito per te una preziosa Presenza, diventa colui col quale dividerai la fatica e la gioia, il sole, la pioggia.

Ogni incontro è un dono che sorprende, che era in serbo per noi da molto tempo, l'estraneo che ti cammina al fianco finisce per raccontarti le luci e le ombre della sua vita e tu a lui riveli cose che non avresti mai detto a nessuno. Poi, esaurito il suo compito, che era quello di rivelarti un Enigma, questa persona il più delle volte si allontana, scompare, così com'era venuta, ma il calore della sua presenza continuerà a riscaldarti per tutta la vita.

I primi giorni di questo cammino sono ancora immersi nella solitudine delle *mesetas,* di paesaggi vasti e sconfinati che via via sfumeranno per lasciar posto ai Montes, caratterizzati da valichi impervi fino ai territori del Bierzo che annunciano l'alto passo del monte Cebreiro e poi i boschi fitti e umidi e le nebbie stregate della Galizia.

"In cerca dei miei amori
andrò per fiumi e monti,
non coglierò più fiori
né temerò le fiere
e passerò per forti e per frontiere"

San Giovanni della Croce da "Cantico Espiritual"

San Giovanni della Croce, mistico e poeta inarrivabile, mi accompagna e scandisce il ritmo dei miei passi dando al mio andare la forza indomita delle sue parole.

Dopo aver sostato a Foncebadon, paese fantasma dove il freddo è quasi invernale, si raggiunge la Cruz de Hierro, uno dei punti topici del Cammino.

Impossibile restare indifferenti al *Genius Loci,* l'atmosfera è carica dell'energia di tutti quelli che sono passati di qui, di quelli che passeranno. Peccato non si veda nulla perché il tempo è pessimo, piove a dirotto. Qui, ai piedi della Croce, ogni viandante lascia un sasso, un pensiero, un oggetto, una fotografia, un peso che si portava da casa.

Qualcuno, lungo il Cammino, lascia anche la vita, non è raro trovare sparse sul percorso lapidi di pellegrini caduti sulla strada che conduce a Compostela, come accadeva anche nel Medioevo. Procedendo oltre, si arriva a Manjarin, una baracca fumigante nelle nebbie, popolata da cani, gatti e personaggi assai pittoreschi, tra i quali l'*hospitalero* Tomàs, che afferma d'essere l'ultimo discendente dei Templari.

Si resta pervasi da uno stupore profondo nel vedere come questo luogo mantenga intatta l'antica e suggestiva atmosfera del Cammino. A Ponferrada c'è una festa in costume e per la cittadina girano templari di tutti i tipi, ma sono tutti taroccati, l'unico vero discendente dei Templari, seppur sedicente, si trova a Manjarin.

Ogni luogo che tocco sembra generosamente offrirsi nella sua bellezza e nel suo splendore. Raggiungo la luminosa cittadina di Villafranca del Bierzo, dove si trova la Porta del Perdon, una sorta di premio di consolazione per i pellegrini malati che non erano in grado di raggiungere Santiago e che qui ottenevano comunque l'indulgenza plenaria. Nella cittadina è in corso un festival di poesia e fogli colorati con le poesie sono appesi ovunque sui muri.

Un anziano fotografo con un grande cane bianco al guinzaglio si mette a chiacchierare con me e con i miei compagni di cammino e racconta che il segreto dell'immagine sta tutto nella luce: mi suggerisce l'inclinazione giusta dell'obiettivo per cogliere le immagini più belle. L'*albergue* di Villafranca del Bierzo invece ha in serbo per me altri doni: le cimici che nuovamente mi mettono a dura prova, come nel cammino precedente, anche se questo non riesce a intaccare il mio buonumore.

Ora inizia la parte più ardua del Cammino: l'ascesa del Monte Cebreiro. Si tratta di una tappa impegnativa con settecento metri di dislivello. La salita è impervia, faticosa, ma arrivare sulla vetta al tramonto compensa di tutta la fatica.

In cima alla montagna regna un clima esultante, si beve birra, si ride, si è felici di avercela fatta. Ritrovo molti compagni di strada: la Princesa, una pittrice rumena dalle *toilettes* impeccabili nonostante la sua condizione di pellegrina, Pepe, un distinto spagnolo trapiantato in Inghilterra che somiglia a Sean Connery: parla quattro lingue e ogni anno torna sul Cammino, il Professore, uno spagnolo di Leon che cammina mal equipaggiato, con scarpe sfondate e che si diletta a manifestare in modo logorroico le sue molteplici conoscenze, Antonio, un ragazzo di Logroño che si è deciso a partire perché vedeva tutti i viandanti passare attraverso il suo paese e poi i miei compagni di cammino Cristina, Giada, Ferdi.

Dopo una notte tormentata, funestata dal russare stentoreo dei dormienti della camerata e dal prurito dei morsi delle cimici che mi avevano attaccata la notte precedente, mi alzo prestissimo e parto che è quasi ancora buio.

Discendendo passerò per boschi antichissimi e avrò l'emozione indimenticabile di contemplare un castagno vecchio di ottocento anni, una vera e propria divinità silvestre, circondato da una sacra aura. Sento la magia della Galizia farsi avanti con la sua anima celtica, i suoi racconti oscuri e misteriosi. Arrivo a Triacastela, da dove, con una deviazione, mi reco a visitare lo splendido monastero benedettino di Samos, poi raggiungo Sarria e Portomarin.

Purtroppo da Portomarin mi toccherà prendere il taxi e saltare le due tappe di Palas del Rey e di Arzua, perché il mio tempo sta per scadere: ho fissato il volo di ritorno e non posso prolungare il percorso. Ricomincio a camminare da Arzua, in modo di fare le ultime due tappe a piedi. I boschi stregati della Galizia mi catturano con il loro fascino.

Ultima sosta a O Pedrouzo: qui la magia del Cammino si disperde, la moltitudine dei pellegrini aumenta, ci sono comitive, gruppi di *scouts,* molti fanno solo gli ultimi cento chilometri per ottenere la Compostela, il certificato che attesta che hanno svolto il Pellegrinaggio. I viandanti più elitari li chiamano con disprezzo *"turigrinos".*

Fatto sta che O Pedrouzo è un posto rumoroso e sgradevole.

La strada principale che taglia il paese è attraversata da camion che passano ad alta velocità carichi di tronchi d'albero segati nelle antiche e sacre foreste. L'indomani parto per Santiago: attraverso i boschi che si diradano, si cominciano a vedere le case con i tipici *horreos* galiziani, granai poggiati sopra pilastri di pietra per preservare i prodotti della terra dall'umidità. Raccolgo un fascio d'ortensie blu, lasciate a terra da dei giardinieri che potavano una siepe e con questi fiori raggiungo il Monte do Gozo, il Monte della Gioia, da cui i pellegrini, esultanti, potevano finalmente vedere apparire la città tanto agognata. Depongo i fiori all'interno di una chiesetta che si trova sul Monte.

Non vedo nulla: c'è una fitta nebbia, ma non m'importa, l'immagine di Santiago me la porto dentro e va bene così. L'ultima parte del Cammino passa accanto all'aeroporto di Lavacolla, sento rombare gli aerei sulla mia testa, e il rumore di una strada trafficata. Finalmente arrivo a Santiago, insieme a tanti altri e non sembra vero di aver percorso a piedi quasi trecento chilometri. Lungo la strada che porta alla Cattedrale, vedo gente crollata a terra per la stanchezza, altri che barcollano coi piedi e le ginocchia fasciate, altri ancora che gambe e piedi non ce li hanno e che sono ugualmente arrivati con la forza della loro volontà e del loro desiderio.

Si staglia davanti ai miei occhi la Cattedrale, solenne, nonostante la sua facciata sia in restauro, mi appare come un grandioso magnete che attraverso i secoli ha attirato sin qui i corpi e le anime di tantissime persone e che continua a farlo.

Qui le parole si fermano.

Eppure non basta, non basta ancora. Sento una voce dentro di me che dice: "Il prossimo anno sarai di nuovo in Cammino."

Ultreya: sin otra lux ni guía sino la que en el corazon ardía

Cammino Inglese
Ferrol- Santiago de Compostela + Muxia - Finisterre
21 luglio 2018 – 3 agosto 2018

Capita nelle lunghe e monotone sere d'inverno, dopo una giornata scandita da una serie interminabile di scadenze lavorative e burocratiche, di desiderare qualcosa di bello che apra i nostri orizzonti, di immaginare una meta, un obiettivo che crei nelle nostre vite spente un senso di attesa, di desiderio: è la volontà di piantare un seme nel cuore della stagione più buia.

In questa tensione desiderante, ho sentito riaffiorare quella voce che già altre volte mi aveva convocato dentro al Cammino "Devi riprendere la strada e questa volta spingerti fino a Muxia e Finisterre." È bastato questo richiamo ineludibile per riattivare i sensi, far circolare più veloce il sangue e proiettarmi nel tempo vivo dell'attesa, rendendo più sopportabili gli oneri della quotidianità.

L'immaginario si attiva verso l'Altrove.

Vedo già le foreste profonde della Galizia, in cui desidero immergermi fino a sparire, le nebbie che avvolgono questo paese estremo, pieno di antiche magie e tracce di culti remoti. Dopo aver considerato le varie possibilità di Cammino, ho sentito che a chiamarmi era il Cammino Inglese, quello che fin dal XII secolo era intrapreso da quei pellegrini che dal Nord Europa approdavano sulle coste della Galizia per dirigersi a

Santiago di Compostela. Giungevano dal mare Inglesi, Irlandesi, Svedesi e Fiamminghi, tra cui molti crociati e cavalieri diretti in Terrasanta.
Ho deciso che dopo aver raggiunto Santiago di Compostela, per completare il mio pellegrinaggio, avrei proseguito fino alla Fine del Mondo, raggiungendo la Costa della Morte, dove si affacciano Muxia e Finisterre, luoghi antichissimi, simboli dell'Oltre e dell'Estremo.

Raggiungo il porto di Ferrol una domenica mattina, dopo aver attraversato tutta la cittadina addormentata che si affaccia sull'Atlantico attraverso una profonda insenatura. Il mio cammino inizia dal primo *mojon* (cippo) che segna l'inizio del percorso. Uscendo dalla città costeggio spiaggette solitarie e zone residenziali, cantieri navali e capannoni industriali, fino a immergermi in spazi più aperti. Il sole è a picco, non c'è nessuno: mi rendo conto che questo Cammino è davvero poco frequentato rispetto al Cammino Francese.

Meditando su questa sensazione di solitudine che credo mi accompagnerà per tutto il resto del viaggio, alzo gli occhi e davanti a me noto sopra un capannone industriale una scritta a caratteri cubitali "SOLEDAD" che sembra quasi la materializzazione visiva del mio stato d'animo (in realtà si tratta della pubblicità di una marca di pneumatici, ma per me assume un profondo valore evocativo).

Ero partita con l'idea di fare una tappa breve, fermandomi a Neda o a Fene, ma i paesi che attraverso sono desolatamente vuoti e non m'invogliano a sostare, per cui continuo a procedere fino a Puentedeume dove arrivo sfinita verso sera, dopo aver percorso circa trenta chilometri.

Decido che mi merito un albergo in piena regola e dopo essermi riposata per un po' esco per andare a cena: Puentedeume è una cittadina bellissima circondata da lagune, il centro è vivace, pieno di portici e antichi palazzi; è molto animata, i suoi abitanti la sera sfilano per le strade del centro indossando il loro abiti della festa ed esibendo fieri e orgogliosi la loro prole. La mia cena a base di *pimientos de Padròn*, calamari e birra mi restituisce le forze e poi mi mangio anche un bel gelato divertendomi a osservare l'animato passeggio: tra tutta questa gente non vedo traccia di pellegrini. Un sonno profondo e ristoratore chiude in bellezza la mia prima giornata di cammino. L'indomani inizio il mio percorso inerpicandomi per le ripide strade in salita di Puentedeume che conducono fuori dal paese: il panorama si apre su bellissime colline che ricordano un po' l'Appennino.

Sfilano davanti ai miei occhi campi, luoghi solitari, sperdute fattorie. Un vecchio signore, seduto davanti alla porta della sua casa mi saluta e mi domanda se non ho paura a viaggiare sola, gli rispondo di no (la paura ce l'ho molto di più nell'affrontare le sfide della quotidianità) e intavoliamo una piacevole conversazione.

Sento che quest'incontro ha aperto una breccia dentro il mio isolamento e quando riprendo il cammino sono già su un'altra lunghezza d'onda: quella dell'incontro. Mi addentro nel bosco e qui trovo tre compagne di viaggio: Marcia, brasiliana, Olga, messicana e Paola, italiana (di Assisi) che in realtà avevo già notato a Pontedeume poco prima di partire.

Procediamo insieme e subito si instaura tra noi un affiatamento e un'armonia che ci permetteranno di fare un lungo tratto di strada insieme (ma niente è come sembra ed in seguito si creeranno dissapori e malintesi con due di loro: sarà solo Paola, che si rivelerà una donna straordinaria per coraggio, indipendenza, consapevolezza e spiritualità quella con cui condividerò il mio Cammino fino a Santiago). La nostra tappa successiva sarà Betanzos, un bellissimo paese ricco di storia e di testimonianze fin dal Paleolitico. I giorni trascorrono attraversando boschi, paesaggi solitari pieni di ortensie blu e paesi semiabbandonati costellati dai tradizionali *horreos*, tipici granai galiziani in pietra o in legno (che tanto somigliano a piccoli templi, in quanto sono sormontati da una croce), sopraelevati per preservare dall'umidità i frutti della terra.

Una delle tappe ha un nome molto suggestivo: Hospital de la Bruma e in effetti è una località perduta nel nulla. La solitudine dei luoghi, le affascinanti leggende galiziane, ricche di magia e di mistero, le nebbie frequenti anche in estate trasfigurano ogni cosa, creando un'atmosfera unica. Qui si parla il gallego, una lingua romanza molto più simile al portoghese che allo spagnolo.

Qui si erano stanziate popolazioni di origine celtica che con le loro leggende, i lori miti e i loro riti hanno lasciato un'impronta particolarissima sul territorio.

Non c'è nulla che ci possa trattenere dall'andare verso luoghi lontani. Quando in noi si riattivano connessioni neuronali arcaiche, ci si mette in viaggio, senza pensare, ma solo in virtù di una chiamata che apre una breccia dentro le nostre abitudini e i nostri automatismi. Ecco allora che ci si mette in viaggio, senza porre limiti al nostro procedere. Nessuna conquista è assoluta e definitiva, ma scegliere di mettersi in cammino diviene una delle più grandi possibilità della nostra esistenza. Si può vivere con poco e il nocciolo di forza e resistenza racchiuso in ognuno di noi è quanto di più prezioso possediamo.

La bellezza del mistero apre scenari inattesi.

La bellezza è la possibilità che hanno tutti gli esseri di creare e di amare. Questo è quello che ricavo dagli incontri, dai dialoghi con i miei compagni di viaggio, ognuno con la sua particolarissima storia, ognuno con una sua inconfondibile intenzione e motivazione e alla fine comprendo che non siamo nient'altro che corpuscoli in movimento dentro un canale energetico potentissimo.

Arrivo a Santiago con Paola, la mia preziosa compagna di Cammino e la commozione è grande nel vedere la Cattedrale ergersi in tutto il suo splendore, libera finalmente da tutte le impalcature per il restauro che negli anni precedenti ne ottundevano la meraviglia. Contemplo la ricchezza delle sue statue, la sua tortuosa spinta ascensionale che me la fa sembrare simile a un tempio induista. Trascorro la notte a Santiago, saluto Paola perché qui le nostre strade si dividono e l'indomani riparto da sola alla volta di Muxia e Finisterre.

Attraversare la città, lasciandomi la Cattedrale alle spalle, per procedere inoltrandomi dentro le foreste, mi pervade di euforia: qui ha inizio il mio viaggio più estremo. Sto percorrendo la parte più oscura e segreta del Cammino, quella che attraverso le foreste sacre porta a Muxia, dove si praticavano antichi culti ancestrali. Percorro la via della Morte e della Rinascita, la via sacra che conduce agli estremi confini del mondo conosciuto.

Il tempo si è guastato, procedo sola, sempre più in silenzio.

Inizia a piovere, prima una pioggia sottile, poi sempre più insistente: contribuisce a rendere l'atmosfera particolarmente lugubre. Non c'è nessuno, né davanti, né dietro me. Le foreste sono spettrali, il mio procedere assume sempre di più il valore di un vero e proprio rito d'iniziazione. Sola, sotto la pioggia battente, a farmi compagnia sono i versi di San Giovanni della Croce: *"sin otra luz ni guía sino la que en el corazón ardía..."*

Camminando nel fitto del bosco, accompagnata dal rimbombo di una musica *heavy metal* che proviene da una lontana discoteca ancora aperta all'alba, trovo tracce inquietanti: una zampa di gallina di traverso sul sentiero, un completo femminile di biancheria intima rosa appeso a un albero. Quando sfinita, dopo ore di cammino, cerco di entrare in una locanda per riprendermi un po' dalla pioggia battente, un vecchio, seduto davanti alla porta, lancia urla inarticolate contro di me, minacciandomi, per cui preferisco andare oltre, nonostante la stanchezza.

La catabasi si fa sempre più profonda.

A Olveiroa incontro un altro viandante in solitaria, Francesco il Pellegrino, professore di latino in pensione che ogni anno sente il richiamo della Via Lattea. L'indomani riparto, nonostante la pioggia battente e mi dirigo verso Muxia.

Attraverso da sola foreste di eucalipti, montagne rocciose rosseggianti d'erica, tra vapori di nuvole basse e pioggia continua. Finalmente sento l'odore del mare.

Andando più avanti, tra gli eucalipti odo il rumore della risacca e poco dopo scorgo la distesa argentea e liquida dell'Oceano: sono arrivata ai margini del mondo.

Nel digradare della foresta, inizio a incontrare persone che passeggiano con cani e questo mi rassicura, comprendo che mi sto avvicinando alla meta. Arrivata a Muxia, dopo una doccia calda ristoratrice, esco nuovamente per dirigermi al santuario de la Virxe de la Barca: sorge sull'Oceano, in un antico luogo di culto megalitico ed è circondato da las piedras santas, tra cui la famosa piedra de Abalar, pietra oscillante.

Il santuario è stato colpito da un incendio provocato da un fulmine il 25 dicembre 2013, nel corso del quale il tetto è andato completamente distrutto, ma è stato prontamente ricostruito. Al suo interno, appesi intorno all'Altare Maggiore ci sono dei modellini di nave: sono gli ex-voto di marinai scampati a naufragio. Non per niente siamo sulla Costa della Morte, dove l'Oceano, con le sue acque tempestose, costituisce un vero e proprio pericolo per i naviganti. Infatti, in prossimità del Santuario de la Virxe de la Barca c'è un grande monumento in pietra intitolato *"La Herida"*, (la Ferita) in ricordo del terribile

naufragio della petroliera Prestige, avvenuto nel 2002 e del disastro ecologico che ne seguì.
Dentro la chiesa ritrovo Francesco il Pellegrino, le nostre vie continuano a incrociarsi, anche se non cammineremo mai insieme, perché lui parte sempre prestissimo, prima ancora dell'alba. Muxia è un paese che sprigiona un fascino magnetico dovuto alle sue colline antichissime e alle pietre misteriose disseminate tutt'intorno.

Verso il crepuscolo mi arrampico su quelle rocce, in cerca di qualcosa che non so e dall'alto vedo tutto il paese, circondato dall'abbraccio periglioso dell'Oceano. Il giorno dopo sono nuovamente in cammino alla volta di Finisterre.

Sono elettrizzata, euforica, contenta del mio andare.

Uscendo dal paese passo per il Santuario de la Virxe de la Barca e poi costeggio l'Oceano, attraversando piccoli paesi e spiagge bianchissime: il tempo si sta finalmente rasserenando e il sole trasfigura il paesaggio rendendolo di una bellezza sfolgorante. Dopo aver salito e disceso una montagna davvero impervia mi trovo davanti a una visione di sapore felliniano: c'è un baracchino piantato in mezzo al nulla dove una donna di nome Pia offre ai rari viandanti succo di sambuco, biscottini allo zenzero preparati da lei, banane e altri generi di conforto, in cambio di una donazione.

La saluto dicendole *"Buen Camino!"* (in realtà sono io che sto camminando, non lei), ma Pia comprende subito al volo e mi risponde *"Toda la vida es un Camino!"* Cammino, cammino e camminando mi rendo conto che ho il mare da entrambi i lati: mi trovo sul promontorio in mezzo ai boschi della penisola di Finisterre. Comincio a essere veramente stanca, mi sembra di non arrivare più, ma a un certo punto mi appare un'altra visione surreale: un'oasi di pace e di ristoro in mezzo al nulla, non c'è nessuno, ma il luogo è confortevole, provvisto di dondoli, amache, bibite e frutta di ogni genere, c'è perfino la musica dei Pink Floyd; qui mi riposo un po' in vista dell'ultimo sforzo, lascio un donativo e proseguo verso la mia ultima tappa. Arrivo a Finisterre circondata da una calda luce, è un paese gioioso e vivace, le spiagge sono bellissime. Dopo essermi un po' riposata, esco per andare al Faro che dista dal paese tre chilometri e mezzo per concludere così il mio percorso (a fine giornata avrò fatto più di quarantacinque chilometri).

C'è un clima ideale per assistere al tramonto del sole nell'Oceano, la temperatura è mite, non c'è vento, ci sono molte persone che si apprestano ad assistere a questo spettacolo. Compio l'antico rito di rigenerazione, bruciando un braccialetto di tela verde che portavo legato al polso da tempo.

Qui incontro nuovamente il Pellegrino Francesco con il quale trascorrerò anche il giorno successivo facendo delle bellissime passeggiate sulle spiagge nei pressi di Finisterre, dove troverò e raccoglierò le conchiglie, come facevano gli antichi pellegrini medievali.

Davanti al Sole che sprofonda nell'Oceano si conclude il mio Cammino, anche se so bene che il viaggio più difficile sarà quello che mi aspetta tornata a casa, nel vivere la quotidianità, nel relazionarmi con la famiglia, gli amici, col lavoro nel tempo di sempre.

Senda litoral: camminare a fianco dell'invisibile

Cammino Portoghese
Porto - Santiago de Compostela
25 giugno 2019 – 7 agosto 2019

Il richiamo mi giunge, ineludibile, in una sera di febbraio: mi sento catturata nuovamente dal desiderio di andare, di rimettermi in cammino per attraversare soglie, confini. Questa volta il mio sarà un serrato dialogo metafisico con l'Atlantico, quest'Oceano messaggero dell'Invisibile a cui si affacciano il Portogallo e la Spagna. In un attimo ho deciso: partirò da Porto, percorrerò la *Senda Litoral*, il cammino portoghese della costa, per poi inoltrarmi nelle ultime tappe fino a giungere a Santiago di Compostela.

Questa idea si radica in me come una fiammella d'intento e mi permette di resistere a ogni insidia del quotidiano, per proiettarmi nella dimensione ampia e profonda del Cammino. Così una sera di giugno mi trovo catapultata in questa nuova avventura: sola, seduta al tavolino di un bar in una piazza di Porto, bevo un calice di *vinho verde* osservando il sole radente tra le nuvole, felice di essere tornata in Portogallo dopo tanti anni. Subito riconosco il fascino e la seduzione che sprigiona la dimensione profonda, complessa e filosofica di questo paese, ne riconosco la bellezza negletta e struggente, il fascino degli *azulejos* e la cortesia timida e schiva del suo popolo. Porto è una città affascinante, ricca di prospettive e di atmosfere.

L'indomani mi sveglio che non è ancora l'alba e inizio il mio Cammino attraversando la città addormentata, fino a raggiungere la Cattedrale da Sé, dove inizia il mio percorso. Tanto per cominciare, mi accorgo di aver dimenticato la guida in camera, ma lo colgo come un segno positivo del destino: significa che devo viaggiare leggera, liberandomi del superfluo. Impiego molto tempo a uscire dalla città, inizia a piovere, costeggio il fiume Douro fino alle sue foci e comincio a camminare affiancata all'Oceano, attraversando piccoli centri abitati, fino a quando raggiungo Matosinhos, dove sulla spiaggia c'è un monumento simile per tragicità ed intensità al quadro di Guernica dipinto da Picasso: rappresenta un gruppo di donne e bambini disperati con le braccia alzate verso il mare e si tratta di un monumento eretto in memoria di una terribile tempesta che procurò il naufragio di una nave rendendo vedove settantacinque donne e orfani centocinque bambini.

Il rapporto con il mare in Portogallo è tragico e fatale, lungo il mio cammino troverò a ricordarmelo molte statue e monumenti che celebrano figure di donne tristi e coraggiose legate al mare in modo ineluttabile.

Il Portogallo è il paese del Naufragio .

Intanto il cielo si rasserena, le case diminuiscono e compare l'Atlantico in tutta la sua selvaggia bellezza: i colori si accendono e il fascino della costa si fa penetrante.
Raggiungo Labruge, dove prendo posto nell'*albergue* che è in restauro, ma comunque agibile. Deposito lo zaino e vado a farmi un giro.

Mentre bevo un'aranciata al Douce Bar di Labruge vedo al tavolo a fianco degli agenti immobiliari ostentare scioltezza e disinvoltura mentre fanno firmare un atto di compravendita a un gruppo famigliare di autoctoni. Vendono villette bifamiliari ancora da ultimare in un territorio che fino a poco prima era caratterizzato da cespugli, rovi e sassi. Verrà fuori presto dal nulla un "bel" quartierino residenziale.

Le donne portoghesi sono tristi, grasse, rassegnate e spaesate da quel salto qualitativo che da una casa rurale le trasporterà in un mondo di lussi e di agi. Il loro corpo è prono, sfatto, dilatato da una *saudade* senza limiti.

Gli uomini sono imbarazzati, impacciati, rigirano il cappello tra le mani, stanno zitti, abbozzano un sorriso di disagio cercando di dimostrarsi convinti dell'affare. La scena mi suscita una malinconia profonda per quella resa inerme a un mondo d'omologata insignificanza. Gli agenti immobiliari sembrano dei "mefistofeli" pronti a far firmare un contratto col quale compreranno le anime di quei contadini in cambio di una presunta comodità e modernità.

Proseguo il Cammino il giorno dopo, partendo all'alba.

Percorro un sentiero lungo il mare caratterizzato da delle passerelle di legno tra le dune. M'inebria il profumo del salmastro unito a quello degli arbusti che crescono tra la sabbia. Il contrasto è forte: da un lato l'Oceano con la sua vastità e dall'altro rocce antichissime che recano tracce, segni di antiche popolazioni, graffiti preistorici, testimonianza di presenze remote; ogni tanto compaiono chiesette arroccate sul mare. Passo per paesini di pescatori ancora immersi in una dimensione arcaica, osservo donne che trascinano carretti sulla riva, ammassi di reti, barche, tutto intriso di devozione popolare e senso tragico del destino.

Percorrendo le passerelle sul mare incontro una bella ragazza tedesca di Essen dal nome affascinante di Anais che era nel mio stesso *albergue,* mi racconta che lavora come psicoterapeuta e che è la prima volta che ha deciso di fare un viaggio da sola, spinta da una delusione sentimentale. Parliamo in inglese e io le dico che il significato del suo nome Anais deriva da quello di Anahita, la dea indo-iranica delle Acque e lei ne resta piacevolmente stupita. Mi sembra una bella coincidenza e di buon auspicio, che la prima persona con cui parlo sulla *Senda Litoral* porti il nome di una divinità acquatica.

Proseguiamo ancora per un po' insieme, ma a un certo punto le nostre strade si biforcano: lei prosegue per il Cammino Portoghese interno, io continuo a procedere su quello della costa. Arrivo a Povoa de Varzim: è una città molto vivace e animata dove è in corso una festa locale, gli abitanti del quartiere centrale della *Matriz*, (chiesa madre) indossano magliette rosse, quelli del quartiere del Nord, magliette azzurre.

La città ha dato i natali ad *Eca de Queiroz*, grande scrittore e giornalista portoghese dell'Ottocento e c'è una piazza con una statua dedicata a lui nella sua parte antica. Verso il mare invece si estende la parte nuova della città con vie più larghe e aperte al traffico e la zona portuale. Nella città vecchia incontro Imma, una pellegrina che viene da Rovereto, dove fa la cuoca in una mensa scolastica. Ha lasciato a casa figli, marito e mamma anziana per seguire il richiamo del Cammino, viaggia sola ed è la sua prima volta verso Santiago, è felice ed emozionata di vivere questa esperienza.

Giugno è un mese particolare per il Portogallo: ci sono tre feste di santi importanti.

Il 13 giugno è la festa di Sant'Antonio
Il 24 giugno è la festa di San Giovanni
Il 26 giugno è la festa dei S.S. Pietro e Paolo.

Le chiese sono piene di fiori ed ex-voto di cera legati a queste celebrazioni. L'indomani riprendo il mio Cammino e via via che abbandono la città e i suoi palazzi si fa più serrato e profondo il dialogo con l'Oceano.
La costa è per me un balcone metafisico spalancato sull'Assoluto. La luce è intensa e delinea con nettezza i contorni delle cose, le onde lambiscono spiagge bianchissime.

Mentre percorro le passerelle di legno sulla spiaggia, mi si affianca un altro pellegrino: è Ismael, un ex-militare di Toledo che è stato *hospitalero* in alcuni *albergues* sul Cammino.

Procediamo insieme, confrontando le nostre esperienze e impressioni sui vari Cammini che abbiamo fatto.

Anche lui, come Anais, ha un nome che riconduce alla profonda insondabilità delle Acque. Chi può dimenticare il meraviglioso incipit narrativo di Moby Dick?

"Chiamatemi Ismaele. Alcuni anni fa – non importa quanti esattamente – avendo pochi o punti denari in tasca e nulla di particolare che m'interessasse a terra, pensai di darmi alla navigazione e vedere la parte acquea del mondo. È un modo che ho io di cacciare la malinconia e di regolare la *circolazione."*

Anche questo Ismael, come il protagonista dell'indimenticabile romanzo di Melville, viaggia per fuggire l'angoscia e l'inquietudine esistenziali. Faremo insieme un tratto di strada per qualche giorno, ma in questo viaggio sento il bisogno di stare da sola per dialogare con l'Atlantico, desidero ascoltare le voci di dentro che via via affiorano sempre più incalzanti, per cui a un certo punto andremo per strade diverse.
Il Cammino mi riserva una bizzarra sorpresa: nell'*albergue* di Marinhas, per una stranissima coincidenza, ritrovo un ragazzo che avevo già incontrato l'anno precedente sulla via di Finisterre, sta compiendo il cammino portoghese della Senda Litoral a rovescio, è partito da Santiago e sta recandosi a Fatima. Mi riconosce e mi saluta come una veterana del Cammino. In effetti, quando ti prende la "santiaghite", come i pellegrini definiscono il morbo che colpisce i viandanti che provano il desiderio irrefrenabile di rimettersi in cammino verso Santiago di Compostela, c'è poco da fare: bisogna camminare e basta!

Cammino attraversando paesi belli e tristi, intrisi di fascino e malinconie fatali. Giungo a Caminha, l'ultima tappa portoghese. La cittadina si trova sulle foci del fiume Minho, che divide il Portogallo dalla Spagna. Risiedo in un piccolo e grazioso albergo che si trova in una strada periferica dal suggestivo nome di Nossa Senhora de Agonia, dovuto all'omonima cappella che posso vedere dalle finestre della mia stanza, dedicata alla Vergine straziata dal dolore per aver assistito ai tormenti ed alla morte del Figlio. La bellezza del paese al tramonto è struggente e un po' mi rattrista dover lasciare il Portogallo, la sua gente discreta e silenziosa, la bellezza tragica e fatale che caratterizza questi luoghi così impregnati dall'Invisibile.

Per passare in Spagna avrei dovuto prendere il *ferry-boat*, ma a causa della bassa marea le corse sono sospese, per cui insieme a una coppia di tedeschi mi dirigo verso una spiaggetta dove un traghettatore acheronteo, munito di una piccola barca a motore, ci conduce dall'altra parte. Durante la traversata, proprio alle foci del fiume Minho, sul mare, compare un castello, simile in tutto ad un miraggio di Fata Morgana. Attraversare il confine sulle acque è un'esperienza entusiasmante, mi fa sentire davvero un'antica viaggiatrice impavida che valica acque e frontiere, in realtà è qualcosa di molto semplice e naturale.

Il nostro Caronte, dopo aver ricevuto l'obolo, ci fa sbarcare in una spiaggetta spagnola e riprendo a camminare inoltrandomi in una pineta, che conduce verso il sentiero costiero. Sono in Spagna: che emozione, sentir parlare una lingua che riconosco, che mi è familiare, mi sento a casa. Cammino a lungo, attraversando villaggi e zone mal segnalate piene di sterpaglia, arrivo al monastero di Oia, ma continuo ad andare avanti, sempre a fianco del mare, fino ad arrivare in un *albergue* in prossimità di Puerto de Mougas. Dopo questa tappa, m'inoltro per montagne aspre e impervie a picco sul mare. Mi sento in una dimensione protetta e sicura, ogni mio passo è dentro al Cammino. Arrivo a Vigo, che è una città con un piccolo centro storico, il *Casco Viejo,* ma per lo più caratterizzata da palazzoni anni Settanta piantati su strade in salita. Passo tre ore in un ristorante per mangiare quattro sardine fredde pagate anche care, dove c'è un solo cameriere affannatissimo che fa salti mortali per servire i pochi avventori. Torno contrariata verso l'albergo a notte inoltrata.

Vigo è una città di contrasti e contraddizioni, ma il giorno dopo, mentre me ne allontano, mi riconcilio un po' con lei. Più salgo, più si amplia la prospettiva e appare un panorama meraviglioso: la città affacciata sul mare e, davanti a lei, il bellissimo arcipelago delle isole Cies. Arrivo nel pomeriggio a Redondela, tappa in cui confluiscono i due cammini, quello portoghese della costa e quello centrale; prendo un trenino che mi conduce sulla spiaggia e mi godo mezza giornata di mare.

A Redondela, nella chiesa parrocchiale, mi si presenta la statua di Sant'Jago *Matamoros*, ovvero la versione truculenta e bellicosa del Santo. Su questo Cammino, rispetto a quello Francese o Inglese, in cui l'Apostolo compare in veste di viandante, sarà invece ricorrente l'iconografia colonialista e guerrafondaia. Il mattino seguente parto presto.

Il flusso dei pellegrini, totalmente assente sulla Senda Litoral, si è intensificato, ci sono comitive di *boy-scouts* un po' troppo chiassose per i miei gusti, però i boschi di eucalipti mantengono intatto il loro fascino e cerco comunque di tutelare la mia solitudine. Arrivo a Pontevedra, una città che subito mi conquista per la splendida basilica di Santa Maria Maior, dal preziosissimo portale rinascimentale, dove si venera Santa Lucia e per l'originalissima chiesa di *A Peregrina,* lunga e stretta, eretta in forma di conchiglia di San Giacomo. All'interno c'è una bellissima statua dedicata alla Divina Peregrina che rappresenta la Madonna in veste di viandante. Mentre mi avvicino alla meta, mi sento sempre più schiva e selvatica, non ho voglia di socializzare con nessuno, mi sento bene con me stessa, assorta nei miei pensieri e nelle mie considerazioni, sola, sconosciuta, straniera. Passo attraverso foreste, campi, piccoli borghi abitati, ci sono scritte sui muri che inneggiano all'indipendenza del tipo *"Galiza no es Spain"*, la gente nelle osterie parla gallego. Arrivo a Caldas de Reis, e trovo l'*albergue* in una zona in prossimità del fiume, vicino a un bel ponte di origine romana, rimaneggiato nel Medioevo.

La cittadina è piccola, non offre granché, ho perfino il tempo di annoiarmi. Vado a dormire presto. Domani partirò alla volta di Padròn, ultima tappa prima di Santiago.Arrivo a Padrò*n* quasi senza accorgermene, la tappa è breve, sono solo diciotto chilometri, ma importanti, perché qui si addensano tracce, memorie, testimonianze. Dopo boschi e fiumi, si giunge a Pontecesures, dove la leggenda narra che giunse una nave senza equipaggio, guidata da un angelo, recante il corpo decapitato di Santiago, martirizzato a Gerusalemme, accompagnato dai suoi discepoli Teomiro e Atanasio. A Padròn, il cui antico nome romano è Iria Flavia, c'è la chiesa di Santiago in cui è conservata una grossa pietra *(pedron)* alla quale si racconta fu legata la barca degli apostoli proprio in questa località. Questa località è famosa per tanti motivi, anche culinari: per i celeberrimi *pimientos de Padròn*, il piatto tradizionale a base di peperoncini verdi fritti conditi con sale grosso, di cui vado pazza, perché accompagnati dalla birra Estrella costituiscono il viatico ideale del pellegrino.

Nella cittadina è in corso una festa medievale: per le vie sfila-no menestrelli, saltimbanchi, giullari, streghe e folletti e gli abitanti sono tutti in costume. Così m'immergo nell'anima celtica della Galizia e comprendo meglio l'essenza di questo popolo di cantori e poeti. Sì, questa rivelazione mi giungerà proprio a Padròn, poiché trovo due statue emblematiche: una dedicata alla poetessa gallega Rosalia de Castro (nata nel 1837 a Santiago di Compostela e morta a Padròn nel 1885) e l'altra a Macìas, meglio conosciuto come *O Namorado*, uno degli ultimi trovatori galiziani, vissuto intorno alla metà del Trecento, e morto tragicamente assassinato per amore, la cui città natale è appunto Padròn. Visito la casa-museo di Rosalia de Castro, nelle cui stanze aleggia ancora la sua presenza, vedo le sue fotografie, i suoi scritti, le immagini che la rappresentano. Nella sua camera, sul muro sono scritte le parole che pronunciò prima di morire:

"Abride esa fiestra, que quero ver o mar."
"Aprite questa finestra, che desidero vedere il mare."

Rosalia de Castro ha incarnato lo spirito stesso della Galizia, era coraggiosa e indomita, una antesignana delle battaglie per l'emancipazione delle donne, ma anche una sognatrice, una visionaria, con lo sguardo volto all'Invisibile.

Questa visita mi emoziona molto.

Parto al mattino, attraverso boschi di eucalipti, paesini coi tradizionali *horreos*, incontro parecchi *cruzeiros,* crocifissi di pietra che segnano le tappe del cammino, ormai manca una quindicina di chilometri alla meta. Mi colpisce che il sentiero sterrato inizi a brillare: nella polvere che accompagna i miei passi c'è una luce; sarà forse del quarzo o del marmo polverizzati a produrre questo effetto, ma di fatto sto per arrivare a *Campus Stellae*, dove una luce brillava per indicare il luogo nel quale si trovava la tomba dell'Apostolo Santiago. Sul Cammino accadono tanti prodigi e questo è uno dei tanti.

Nell'ultimo tratto nel bosco, incontro un gruppo di persone, tra cui Daniela, originaria di Roma, con cui inizio a parlare. Mi racconta che si è trasferita da poco a vivere a Muxia, perché si è innamorata delle nebbie e delle piogge della Galizia.

Quando inizia la periferia di Santiago, il gruppo con Daniela prende un'altra strada e io proseguo, attraversando vie che mi portano verso il centro. Arrivo, felice ed emozionata, non provo nessuna stanchezza, ho l'impressione di essere arrivata all'improvviso, troppo presto.

Poi la città con la sua bellezza mi cattura e m'immergo nella sua atmosfera unica.

Sono appena arrivata e già mi manca.

NEGRA SOMBRA

Quando penso che tu sia fuggito,
la tua ombra scura mi sorprende
e ritorni ai piedi del mio capezzale
cogliendomi di sorpresa.

Quando immagino che tu te ne sia andato,
ti mostri nel sole stesso,
sei la stella che brilla,
il vento che fischia.

Se cantano sei tu che canti,
se piangono sei tu che piangi,
sei il fremito del fiume,
sei la notte e l'aurora.

Tu sei in tutto e sei tutto per me.
In me dimori. Non lasciarmi mai,
ombra che sempre mi sorprendi.

di Rosalìa de Castro, 1880

Il Cammino quest'anno mi ha donato in particolare la presenza invisibile di tre poeti galiziani che sono stati i miei numi tutelari e compagni di viaggio: le loro parole, i loro versi hanno accompagnato i miei passi scandendo il ritmo del mio andare. Questa triade composta da

- Rosalia de Castro, (1837-1885)
- Ramon del Valle-Inclàn (1866-1936)
- Lois Pereiro (1957-1996)

ha illuminato il cammino facendomi entrare profondamente in consonanza con lo spirito dei luoghi. La solitudine e il silenzio mi hanno permesso di raccogliermi, così da poter udire le loro voci e instaurare con loro un profondo colloquio poetico-esistenziale. La bellezza del Cammino è che ti sorprende sempre, non sai mai quali doni ti farà.

Venire alla luce a Finisterre

Santiago de Compostela - Negreira Olveiroa Corcubión
Finisterre - Muxia - Santiago de Compostela
27 maggio 2022 - 3 giugno 2022

Scegliere di rimettersi in Cammino dopo due anni d'immobilità dovuta alla pandemia significa riprendere a dialogare con quell'Ombra che, quando camminiamo verso Occidente, proiettiamo sempre davanti a noi.
In quelle contrade remote verso le quali anelo, l'oscurità è una forma di pensiero che si manifesta nel mistero delle sue rappresentazioni.

Espandendo la coscienza nelle regioni estreme dell'Occidente, si comprende la causa della ferita e della sua risoluzione in cicatrice rammemorante. Tutte le esperienze finiscono per coesistere in un punto in cui confluiscono tutti gli incontri e tutte le distanze. Penso a Paola, pellegrina che ho incontrato sul Cammino Inglese nel 2018.

Ora non c'è più.

Avevamo raggiunto insieme Santiago di Compostela, camminando in perfetta sintonia e davanti alla Cattedrale aveva pianto dicendomi "Ogni volta che arrivo fin qui, penso che forse sarà l'ultima!" Paola, una donna forte, determinata, generosa e coraggiosa. Continuavamo a sentirci, e mi ha inviato un suo bellissimo ricamo che rappresenta due pavoni che si fronteggiano su un ramo fiorito, simbolo d'immortalità e di rigenerazione. È un'immagine che per me significa molto: negli inni del Rig-Veda, (I,164, 20) compaiono due uccelli, appollaiati sullo stesso albero: uno di loro si nutre dei frutti dell'albero, a volte dolci e a volte amari, l'altro, senza mangiare, guarda silenzioso e attentamente. In realtà essi adombrano due aspetti del medesimo uccello, esprimendo due differenti atteggiamenti nei confronti dell'esistenza, quello della vita attiva e quello della vita contemplativa. L'una non può esistere senza l'altra e le due s'integrano a vicenda.

Paola, sei con me sul Cammino, camminerò anche per te e con te.

Arrivo a Santiago, è il giorno dopo la Festa dell'Ascensione, l'ascesa definitiva di Cristo al Regno dei Cieli, una delle feste più suggestive che si celebrano nella città, in cui per due settimane consecutive si tengono concerti, eventi culturali e ludici e l'antica fiera del bestiame. La città è vivace, piena di gente spensierata, si respira un clima allegro e al parco *Alameda* è stata installata una gigantesca ruota panoramica che nel 2019 non c'era.

Sull'autobus che ho preso per raggiungere il centro dall'aeroporto, è salito un personaggio che ho riconosciuto come appartenente alla stirpe dei *"transeúntes"*, coloro che non riescono più a uscire dal flusso magico del Cammino e restano viandanti per sempre, continuando a vivere in veste di mendicanti e accattoni, senza più dirigersi verso una meta. Sporco, lacero, aggressivo, ha cominciato a dare in escandescenze quando l'autista gli ha chiesto d'indossare la mascherina FP2: dopo un paio di fermate è sceso, inveendo, portando con sé il suo mistero di viandante senza ritorno.

Ceno con una birra Estrella e delle *croquetas* e dopo essermi goduta l'atmosfera festante della città mi ritiro in albergo. Dalla piccola terrazza della mia camera che si affaccia su degli orti, al crepuscolo, vedo due donne che parlano da due giardini confinanti, una compone un mazzo di calle bianche e lo offre all'altra attraverso la rete che le separa.

Senso di tempo sospeso, ferma e quieta immobilità nella pienezza dell'attimo. Penso che se tutti i confini fossero varcati offrendo mazzi di fiori, la ferocia del mondo finirebbe per essere stemperata in accoglienza e amicizia, in rapporti di buon vicinato.

Santiago de Compostela- Negreira

28 maggio 2022

Essere qui perché
Si è stati convocati
Camminare sconosciuti
A se stessi e agli altri
Andare verso
La propria destinazione
Che è un punto
Proteso sul Nulla
Ed è questa la felicità
Dell'annientamento:
Conoscere senza sapere
Sapere senza conoscere
Semplicemente essere

Parto verso le sette, dopo una notte piena di sogni: le potenze immaginative si sono messe in movimento prima ancora che io cominci ad andare, la mente è già proiettata avanti e anche il cuore, come due buoni compagni di strada. Faccio colazione in piccolo bar a fianco della chiesa di *San Fructuoso* (chiamata anche cappella de *las Angustias* perché sulla nicchia esterna centrale troneggia la statua in pietra della Vergine *de las Angustias*) e noto un gruppo di quattro persone (un uomo e tre donne che parlano in italiano tra loro). Esco, proseguo per *Rua das Huertos* e procedo sola, allegra e sicura nella prima luce del mattino. Uscendo dalla città, mi affiancano tre stagionati pellegrini spagnoli che mi chiedono quale sia la direzione per Finisterre. Con entusiasmo sconsiderato esclamo *"Todo recto!"* e invece in breve ci siamo già persi, imboccando una strada in salita nel bosco.

A un certo punto compare, in senso contrario al nostro, un gruppo di persone che ci avverte che la strada è sbagliata, torniamo indietro fino a un bivio che non avevamo visto e intraprendiamo la strada giusta, rassicurati dalla presenza del *mojòn* segnaletico con la stella (pietra miliare) che indica la via per Finisterre. Ci lasciamo alle spalle la città. La cattedrale di Santiago, indorata dai raggi del primo sole, costituisce una vista meravigliosa, anche se, nel volgermi indietro mi sento un po' come la moglie di Lot che nel farlo fu trasformata in una statua di sale. Procedendo, mi affianca il gruppo che avevo già notato al bar e mi rendo conto che gli italiani sono solo due, Maurizio, di Settimo Torinese e Marina, di Prato, le altre sono due sorelle franco-algerine.

Mentre Marina scatta in avanti, (scoprirò in seguito che è una maratoneta avvezza a correre nei deserti) procedo insieme a Maurizio (anche lui maratoneta) che mi racconta che è partito all'inizio di maggio da *Saint Jean Pied de Port* e che ora si sta dirigendo a Finisterre. Mi racconta la storia di Marina, che fa il cammino anche per suo fratello, morto a Gennaio 2022 e del quale porta la fotografia attaccata allo zaino. Dovevano partire insieme, per questo cammino, e lei gli ha promesso di farlo anche per lui. Penso che ognuno di noi non cammina mai da solo, ma insieme a presenze vicine e lontane, ai vivi e ai morti.

A *Maceira* attraversiamo il bellissimo ponte medievale, costruito sui pilastri dell'antico ponte romano preesistente che s'innalza sopra il fiume Tambre. Procediamo conversando piacevolmente, Maurizio è un ottimo compagno di Cammino e quasi senza accorgerci arriviamo a *Negreira*. Di mattina la temperatura è fresca, ma via via che il giorno avanza fa sempre più caldo e quando arriviamo è caldissimo. Dopo una bella doccia rigeneratrice, rifocillata e riposata vado a perlustrare il paese in cui ero già stata nel 2018. Uscendo dal centro trovo una splendida passeggiata, la *Ruta de Tres Pazos*, che si snoda immersa in un incantevole paesaggio, tra corsi d'acqua e alberi ombrosi, in cui m'inoltro per un po', assaporando la magia del luogo.

Mi sento felice per questo primo giorno di Cammino che ho vissuto in modo pieno, intenso e appagante, sono felice di essere ritornata in Galizia, in questi luoghi che ho coltivato nel ricordo e nel desiderio e ritrovarmi a camminare in questi paesaggi mi offre una sensazione di gioia perfetta. La sera ci ritroviamo tutti a mangiare insieme (Maurizio, Marina e le due sorelle franco-algerine) in una situazione di grande sintonia e spensieratezza, come ci conoscessimo da sempre.

Vado a dormire, l'indomani la partenza sarà prima dell'alba, mi attende una lunga strada.

NEGREIRA- OLVEIROA

29 maggio 2022

Aprire la porta
Uscire nel buio
Della notte sconosciuta
Attraversare paesi addormentati
Mentre l'oscurità
Lentamente schiarisce
Versando sul silenzio
Immemore delle cose

Una profondità nuova
Bruciare l'ego
Vecchio manichino sbilenco
Vincere la paura
Di sentirsi prigionieri
Croci di pietra
A ogni intreccio
Di strade
Raccontano il mistero
Delle vie che conducono
All'Oceano
Per immergersi
Nel suo canto
Che innamora

Esco che è ancora buio, attraverso rapidamente il paese e m'inoltro da sola nel bosco, passando davanti alla piccola chiesa di *san Xián* e al cimitero. Cammino immersa nella vegetazione, i miei passi sono perfettamente sincroni ai miei pensieri, la solitudine mi fa compagnia, mi sento integrata nell'ambiente, in perfetta quiete e padronanza del mio andare. Sono felice, leggera, piena di desiderio.

A un certo punto mi fermo, sedendomi su una pietra, per mangiare qualche albicocca secca e per bere un po' d'acqua e mi raggiunge Alessandra, architetto di Bergamo, con la quale condivido un pezzo di strada. Ha pochi giorni a disposizione, ma ugualmente non ha resistito alla chiamata ineludibile del Cammino che ha già fatto più volte. Gran parte dei pellegrini sono recidivi del Cammino. Poi mi fermo a far colazione in un bar che si trova in cima a un'alta scalinata a *Pena*. Riprendo a camminare, il tratto è molto lungo, ma l'atmosfera è incantevole e la solitudine mi sostiene e conforta.

Il paesaggio è splendido, nei boschi sento solo il rumore delle cortecce che si staccano dai tronchi degli eucalipti e il canto degli uccelli. Mi trovo alle pendici del monte Aro, inizio a salire, immersa in un paesaggio rurale, il tempo si è un po' ingrigito, ci sono mucche che pascolano nei campi.
La salita inizialmente è dolce, poi si fa sempre più ripida, raggiungo un punto panoramico che si apre su uno scenario maestoso. Si sale ancora, fin quando inizia una discesa che porta a un villaggio.

Dopo aver camminato ancora a lungo, giungo al ponte Olveira, costruito sopra il fiume Xallas, teatro di drammatiche vicende storiche ai tempi delle guerre napoleoniche. Il ponte Olveira era un passaggio strategico per le truppe francesi dirette a Finisterre e proprio qui i patrioti locali decisero di affrontarle. La sconfitta fu atroce, seguita da una carneficina spaventosa, i francesi incendiarono i villaggi, uccisero i civili e violentarono le donne.

Dopo un altro chilometro che mi sembra interminabile, giungo finalmente a Olveiroa, dove ritrovo Maurizio e Marina. Ceniamo insieme in buona compagnia e conosco Cristiana, pellegrina di Urbania che canta con una voce ricca di fado le canzoni dei Madredeus e due allegri e sconsiderati viandanti che dormono in tenda e vivono *on the road*, che avevo già incrociato un paio di volte sul Cammino. La sera mi attardo a conversare con Maurizio. L'atmosfera è lieta, serena, spensierata, mi rendo conto che nei gruppi che incontro, quasi sempre sono io la più vecchia. Che strano, una volta ero sempre tra i più giovani e ora sono sempre tra i più vecchi.

Alternanze della vita.

Comunque vado a dormire contenta.

Olveiroa - Corcubión

30 maggio 2022

Le forme del passato
Si espandono
Estendendosi a macchie
Infinite
La Conoscenza
È oscura
Come sempre
Non si esce mai
Dal proprio delirio
Che si reitera
Sempre uguale
A se stesso
E sempre diverso
Come l'acqua
Che scorre in un fiume
Che non raggiunge mai la foce
Siamo in Cammino
Sempre e comunque
Dentro i boschi interiori
E non ne veniamo mai fuori
Ma conosciamo le luci
Che ci indicano la strada
E le ripercorriamo
Sui cammini postumi
E futuri

Parto all'alba da Olveiroa, dopo un sonno ristoratore, mi addentro in un fitto bosco mentre il cielo inizia a schiarire.

Ammiro i fiori di cui è pieno il bosco, sono viola, a grappoli, simili a orchidee, si tratta della famosa Digitale Purpurea, il fior di morte celebrato da Giovanni Pascoli in un'indimenticabile poesia in cui ne evidenzia il potere malefico e il fascino fatale. Comincio a salire, il bosco si dirada, vi sono rocce e cespugli gialli di ginestra, l'atmosfera è nebbiosa e suggestiva.

Mi fermo a Logoso a far colazione nell'omonimo *bar-alber gue*, in cui ritrovo Maurizio, Marina, Cristiana e altri pellegrini tra cui padre e figlio americani: stanno facendo anche loro colazione. Riprendo il cammino da sola.

A un certo punto mi si affianca Cristiana con la quale percorro un lungo tratto di Cammino. Mi racconta la sua vita, con una sincerità e un'autenticità possibili solo in queste condizioni. Anch'io le racconto la mia e sono scambi preziosi, indimenticabili sguardi sul mondo. Camminando insieme s'instaura un legame profondo di sintonia e reciproca accoglienza. Intanto lo scenario si apre e con emozione e trionfo ci accorgiamo di essere arrivate davanti all'Oceano.

Il sentiero discende e arriviamo a Cee, dove incontriamo Maurizio: poco più in là le nostre strade si divideranno perché ho deciso di fermarmi a Corcubión, un delizioso villaggio di pescatori sulla costa atlantica, dichiarato complesso storico-artistico per le sue nobili residenze e per l'architettura popolare marinara, mentre loro proseguiranno per Finisterre.

Il paesino è bellissimo e accogliente, ma il tempo è cambiato: ha iniziato a piovere e questo lo rende un po' malinconico. Dopo aver mangiato, inizio a perlustrarlo, visitando la chiesetta romanica di San Marcos e mi perdo nel suo affascinante intrico di strade dai muri pregni di muschio. Verso sera, ritorna il sole e la notte è stellata, domani partirò un po' più tardi, la tappa sarà più breve.

Nella luce livida del giorno
Ci si muove come ombre
Sul manto variegato del suolo
Stanno scritte sacre formule
Processioni di sogni s'inerpicano
Per montagne solitarie
Immergere le mani nell'acqua
Ricordando le stelle obliate

Corcubión- Finisterre

31 maggio 2022

L'anima della Galizia
È rurale e marittima
Due vocazioni:
Quella d'inoltrarsi nel bosco
E quella di affacciarsi sul nulla
Coniugate insieme
Implicano il saper stare
Nel Deserto
Amare il Vuoto
E conoscerlo
Abbracciarlo
Confondersi in lui
Farne il proprio amante

Questa mattina parto un po' più tardi, perché la tappa è breve, solo dodici chilometri, così dopo essere arrivata a Finisterre avrò tempo per recarmi al Faro che dista dal centro della cittadina circa quattro chilometri. Allontanandomi in salita da

Corcubión posso godere di una meravigliosa vista del paese che si affaccia su un'ampia insenatura. Procedendo giungo a Sardiñeiro, un piccolo paese di pescatori pieno di tracce e testimonianze del Cammino. M'inoltro nel bosco, inizia a piovere, ma questo non mi disturba, anzi, aggiunge fascino al mio percorso. Il paesaggio si apre su piccole baie e insenature e finalmente avvisto Finisterre. Scendendo dai boschi giungo alla spiaggia di Langosteira, su una lapide è scritta una frase dello scrittore gallego Camilo Josè Cela che l'annuncia con queste parole: *"Finisterre es la ultima sonrisa del Caos del hombre asomandose al infinito"*, "Finisterre è l'ultimo sorriso del Caos dell'uomo che si affaccia all'infinito."

Attraverso la spiaggia sotto la pioggia e raccolgo sulla riva quattro conchiglie di Santiago, le classiche cappe sante, come facevano gli antichi pellegrini di un tempo quando raggiungevano l'Oceano per testimoniare di aver condotto a termine il loro Cammino. Supero il Cruzeiro che si trova alla fine della spiaggia e raggiungo il mio albergo, dove mi riposo e rifocillo brevemente per poi riavviarmi sotto la pioggia verso il faro di Finisterre. Attraverso il paese che si sviluppa longitudinalmente fino ad arrivare alla chiesa romanica in granito di Santa Maria das Areas, situata in uno dei punti più occidentali della penisola iberica, dove si trova la statua del Cristo dalla barba dorata di Finisterre. Narrano le leggende che sia giunta fin qui trasportata dalle onde e si dice che le crescano i capelli e le unghie come a quella che si trova nella cattedrale di Burgos.

Mi riavvio sotto la pioggia verso il Faro, inerpicandomi sulle rocce a picco sul promontorio e mentre smette di piovere mi si palesa una visione di sconvolgente bellezza e intensità. Qui si compie il prodigio che costituisce il culmine del mio Cammino: vedo tremare una montagnola di terra dalla quale emerge una talpa. Proprio qui, sulla costa della Morte, a Finisterre, nell'Occidente estremo ci si può affacciare alla luce: è per me un messaggio dall'immenso valore simbolico.

Venire alla luce a Finisterre
Nella punta più estrema
Della Costa della Morte
Nascere procedendo
Dentro l'oscurità
La pioggia le pietre antiche
I muri corrosi dall'umidità
Antichi horreos s'innalzano
In questa Galizia fantasma
In cui m'inoltro grata
Contemplando le felci
Le digitali le ortensie azzurre
Gli eucalipti e i pini
Che popolano questi luoghi silenziosi
luoghi di silenzio e d'immortalità

Appagata da questa visione catartica, torno a Finisterre.

Finisterre- Muxia

1 giugno 2022

Nel bosco si presagisce
Il rumore dell'Oceano
Rio è un fiume
Ria è un estuario
Tutte le acque
Confluiscono nel mare
E da dolci si fanno salate
Inevitabilmente

Mi alzo che è ancora buio, svegliata da una pioggia torrenziale che mi scoraggia, anche perché oggi sarà una tappa lunga, più di trenta chilometri.

Sono quasi tentata di prendere un taxi, ma poi mi affaccio alla finestra, vedo due pellegrine che camminano nel buio, imperterrite sotto la pioggia e mi dico che no, non sarebbe giusto abdicare proprio ora nell'ultimo tratto, sarebbe come un tradimento allo spirito del Cammino. Faccio colazione e parto sotto la pioggia battente, faccio fatica a trovare la giusta direzione per uscire da Finisterre, ma alla fine la imbocco.
Poco a poco smette anche di piovere.

Attraverso delle campagne e dei paesini, entro in un bosco in completa solitudine, mi perdo perché a un bivio scelgo la strada mal segnalata che si affaccia sulla costa, incontro i due americani, padre e figlio che avevo incrociato nel terzo giorno di cammino; ritroviamo insieme la via giusta e alla fine si apre davanti ai miei occhi una vista meravigliosa: il sole è tornato e illumina un paesaggio collinare pieno di cespugli gialli di ginestra che si affaccia su un Atlantico verde azzurro, tra spiagge bianchissime e insenature rocciose. Mi ritrovo nuovamente sola a camminare, scendo verso una candida spiaggia, ma mi accorgo che non la posso raggiungere, perché c'è in mezzo l'estuario di un fiume. Lo costeggio fino ad attraversare un ponte che mi permette di raggiungere Lires, un paese in cui incontro un gregge di pecore e dove faccio una sosta.
Al bar vedo due ragazzi che parlano: uno è siciliano e racconta all'altro le sue impressioni e considerazioni sul Cammino, l'altro si esprime in italiano correttamente, ma con un accento strano (mi sembra inglese). Riprendo ad andare, anche perché a Muxia devo incontrare Daniela, una romana che si è trasferita a vivere lì da quattro anni. L'ho conosciuta durante

l'ultima tappa del Cammino Portoghese nel 2019. In mezzo ai boschi mi raggiunge il ragazzo che avevo visto nel bar e che credevo inglese, si chiama Alessandro, è un chimico torinese e vive da quattro anni a Londra, mi faccio raccontare qual è la sua esperienza della vita londinese, camminiamo insieme per un po', poi lui si ferma a mangiare e io proseguo.

Ormai sono in prossimità di Muxia, avvisto la spiaggia di Lourido, Daniela mi viene incontro in macchina e andiamo a bere una birra a Muxia. Incontrarla è un piacere, è una donna interessante e anticonvenzionale che ha scelto di vivere immersa nel fascino e nelle piogge della Galizia, a contatto con la magica energia delle sue pietre. A Muxia ritrovo Maurizio e Marina, i miei compagni di cammino che sono qui già da due giorni. Saluto Daniela e dopo aver depositato lo zaino ed essermi fatta una doccia, vado con Maurizio verso il santuario di Nuestra Señora de la Barca.

Il sole illumina il Santuario che sorge affacciato sull'Oceano, circondato da rocce, in prossimità di un antichissimo luogo di culto megalitico, incentrato sulla Pedra de Abalar, pietra oscillante, sotto la quale passano le donne che desiderano ottenere la fertilità. La leggenda cristiana invece racconta che la Vergine sia giunta fin lì su una barca di pietra per incoraggiare Santiago a continuare la sua predicazione nella penisola iberica e che le pietre che circondano il Santuario siano i resti della sua barca. Entro nel Santuario e mi lascio avvolgere dall'intensa aura emanata dal luogo. Qui, in questo santuario proteso sull'Oceano, ogni conflitto e ogni pena si ricompongono nella perfetta armonia della realizzazione di un sogno. Andiamo in paese per cenare, ma torniamo qui, su questo promontorio roccioso per assistere al tramonto: davanti all'Oceano vasto, schiumante e misterioso, ci lasciamo incantare dai raggi del sole cadente, che come un'ostia d'oro s'immerge nelle acque.

Ricordo per analogia che nella bandiera della Galizia è rappresentata appunto un'ostia sospesa sopra un calice d'oro, sormontata da sette croci d'argento.

Ci sono momenti perfetti e indimenticabili nella vita.

Uno è questo.

MUXIA-SANTIAGO DI COMPOSTELA

2 giugno 2022

Sgusciare fuori nel buio
Portando in sé
Tesori di luce
Sospesi tra essere
E non essere
Tra mete oltrepassate
E altre da raggiungere
Secoli di offese e di oblio
Creano anticorpi desideranti
Che fioriscono
Sul limite estremo
Del nostro andare

Prendo l'autobus per Santiago: è ancora buio, sono le sei e un quarto del mattino. Con me parte anche Maurizio. Durante il viaggio dormo e senza neanche accorgermene arrivo a Santiago. La stazione degli autobus è cambiata: nuova, molto più bella, luminosa e funzionale. Arriviamo in città presto, facciamo colazione insieme e ci diamo appuntamento per le dieci nella chiesa di Santa Maria del Cammino, costruita nel XIII secolo. In questa chiesa si trova la statua di Nostra Signora dell'Aurora, alla quale i pellegrini giunti da terre lontane si raccomandano.

Mi sorprende una grande emozione davanti a quest'immagine di Luce. Il contemplarla sancisce in un certo senso la conclusione del mio percorso nelle contrade dell'estremo Occidente e finisce qui, davanti a questa figura aurorale, nella quale ritrovo il senso di quello che ho visto sul promontorio del faro a Finisterre.
Nel pomeriggio visito la Cattedrale, il sepolcro dell'Apostolo, mi raccolgo in silenzio, cercando di ricapitolare questi giorni così ricchi di emozioni. La sera ritrovo Maurizio insieme a Igino, un simpatico pellegrino di Barberino del Mugello. Con loro ci sono altri due ragazzi, un italiano e un inglese. Ceniamo insieme. L'avventura di questo quinto cammino si conclude nella bellissima piazza della Cattedrale.

Domani tornerò a Venezia: quanto ho visto e vissuto continuerò a portarlo con me, attendendo ancora una volta di potermi reimmettere nel magico flusso delle vie che conducono verso Santiago di Compostela, riconoscente per i bagliori che ho colto lungo il cammino che mi ha condotto fin qui.

Santiago de Compostela-Venezia

3 giugno 2022

Voci di Galizia
Fantasmi ombrosi
Dei boschi e delle pietre
Paese metafisico
Votato al silenzio
Voci che si accendono
Nei vasti spazi interiori
Il murmure delle acque
Popolate da presenze sottili
Il mistero nascosto
Nel sillabario del tempo
Che si protende dalle sponde
Del tramonto fino al germinare
Dell'Aurora

L'immaginazione creatrice

"L'immaginazione attiva è essenzialmente l'organo delle teofanie, poiché essa è l'organo della Creazione, e quest'ultima è essenzialmente teofania. Nella misura stessa in cui l'Essere Divino è creatore poiché ha voluto conoscersi negli esseri che lo conoscono, è impossibile dire che l'immaginazione sia 'illusoria'. Il nostro essere manifestato è l'immaginazione divina; la nostra immaginazione è immaginazione dentro la sua immaginazione".

Henry Corbin da "L'immaginazione creatrice"

Come l'oscurità è il lievito della luce, così il silenzio è il lievito della parola. Portare alla luce i sogni, i desideri, le immagini che esistono in potenza dentro di noi, equivale a dar loro realtà. I sogni tendono sempre a realizzarsi, è la loro natura più intima ad esigerlo.

Immaginare è creare.

Quando portiamo dentro di noi un'immagine, un sentimento, questo già vive, anche se in potenza, arrivando a influenzare le nostre azioni e suggerendo determinate scelte. La cosa più desiderata, come quella più temuta, accade sempre, dal momento che è stata già vissuta, in modo anticipatorio, dall'immaginazione. Quanto si forma nel pensiero, assume sostanza nella realtà. Non si sperimenta la potenza della luce, se non opponendole la tenebra; così non sa parlare chi non è in grado di tacere. Il movimento intuitivo del pensiero è un aprirsi alla luce, ma questo può avvenire solo se si è in grado di accettare l'incontro con l'Ombra. Non bisogna però confondere il pensiero con i suoi riflessi, vale a dire con tutte le mistificazioni dialettiche di cui spesso è impregnato: queste sono le ideologie, i dogmi, le mediazioni culturali che incessantemente ci raccontano com'è fatto il mondo, o meglio, come dev'essere.

Il vero pensiero non ha paure né desideri, semplicemente risplende in se stesso. Pertanto ignora ogni contrapposizione, antagonismo, elementi tipici del ragionamento binario, dualistico. Pensare con limpidezza significa superare ogni dualismo per ritrovare la luce nell'unità. Non si può ottenere questo senza sperimentare l'amore, quell'amore non giudicante, non recriminante, ma che comprende e in questa comprensione abbraccia e muove tutto:

"Amor che move il sole e le altre stelle".

Solo in questo superamento la frantumazione legata all'esperienza tende a ricostituirsi in unità, accettando le luci e le ombre dell'esperienza stessa. Nella parola il valore più essenziale è il suono. Non conta tanto ciò che si dice, ma come lo si esprime. Il suono è la musica della parola e giunge all'anima più che il significato stesso. Il pensiero trova voce attraverso la parola, si rivela, si manifesta soltanto pronunciandosi. I pensieri non espressi diventano velenosi e sono come fiamme, che invece di erompere soffocano.

È la volontà a dare voce al pensiero.

La luce del pensiero si rianima quando questo è liberato attraverso la parola. Ogni minerale è calore pietrificato e così i pensieri cristallizzati, pietrificati in forme statiche, aspirano ad essere sciolti, per esprimersi in luce irradiante.

Non c'è calore che non sia anche sensazione corporea, così come non c'è pensiero che non si esprima attraverso il corpo.

Molti pensieri spacciati come tali sono solo il prodotto di mistificazioni dialettiche che tendono a interpretare la realtà in base a pregiudizi e a luoghi comuni. Il pensiero si manifesta sempre in chiave simbolica, non ha bisogno di spiegare nulla, in quanto, esprimendosi nella sua unità, racchiude in sé la complessità. Il pensiero non è buono né cattivo, sta all'individuo, assumersi la responsabilità di formare una realtà che non riguarda soltanto lui, ma la collettività umana.

Egli può creare o distruggere soltanto col dedicarsi a determinati pensieri o sentimenti e in tal modo diviene responsabile non soltanto del proprio destino, ma anche di quello degli esseri a lui collegati. Pertanto il problema della libertà non riguarda tanto il volere, quanto il pensare. L'eccessivo cerebralismo, tipico della nostra cultura, rende il pensiero dipendente, asservito a dogmi che sono stati assimilati senza passare attraverso l'esperienza.

Per questo raggiungere la libertà di pensiero è una conquista ardua, pochi si possono permettere la libertà di pensare. Il pensiero non esiste per subire il mondo, né per sfuggirlo, ma per crearlo. Ritrovare la forza cosmica del pensiero significa restituirgli saggezza e spontaneità. Solo il pensiero libero è vivo, ma per esserlo deve sconfiggere ogni intellettualismo, ogni cerebralità.

Svincolarsi dalla cerebralità significa liberarsi dalle mediazioni operate dai valori culturali, dalle ideologie, dai miti, dalle fedi che l'uomo crede proprie e con le quali tende a identificarsi per bisogno di sicurezze. Solo il pensiero liberato da questi filtri interpretativi è davvero in grado di immaginare e di creare.

Quando il pensiero cessa di pensare, allora crea ed è in grado di rimodellare la realtà. L'intuizione che si manifesta attraverso il pensiero è un atto spontaneo, fine a sé stesso. Uscire dal circolo vizioso della dialettica significa rinunciare a voler definire, relazionare, collocare ogni cosa, accettandola per ciò che è, riconoscendola nella sua essenza e nella sua totalità.

Il pensiero divenuto vivo, restituito alla sua libertà, è il pensiero magico in grado di creare il mondo, passare dalla potenza all'atto, di modificare l'individuo e la realtà circostante.

Orizzonti ritrovati

"Una felicità autentica, adeguata e totale sembra rimanere costantemente a una certa distanza da noi: come un orizzonte che, come tutti gli orizzonti, si allontana ogni volta che cerchiamo di avvicinarci a esso."

Zygmunt Bauman da "L'arte della vita"

Nei giorni difficili della pandemia, mi è capitato di ripensare ad alcuni libri, film e in particolare ad alcuni personaggi della letteratura che hanno considerato il tema dell'isolamento, dell'autoreclusione dal mondo come una risorsa, come presupposto per affacciarsi su di un'altra dimensione, quella dell'Altrove. Appartarsi per loro è stato un modo per espandersi, una modalità che non era fuga dal mondo, ma intenso e fertile dialogo con la distanza.

Tra i poeti, in particolar modo mi sono venuti in mente l'indomabile e adamantina Emily Dickinson e l'aristocratico sognatore Lucio Piccolo, che pur lontani nel tempo e nello spazio, hanno vissuto in prima persona quella condizione d'isolamento e di dialogo con l'Invisibile che è presupposto della creazione artistica. Ho ripensato anche a un interessantissimo saggio di Pier Aldo Rovatti *"Abitare la distanza"* Feltrinelli, 1994, nel quale l'autore descrive le modalità con cui si vive la relazione con gli altri. Noi non possiamo restare soltanto in noi stessi, abbiamo bisogno di relazioni, ma non possiamo neppure vivere solo proiettati al di fuori e nell'Altro: l'unico modo di far convivere queste due possibilità è quello di abitare il paradosso. Esiste una "giusta distanza" tra noi e gli altri, tra noi e le cose? *"La giusta distanza"* è un film del 2004 del regista padovano Carlo Mazzacurati. In una scena del film un affermato giornalista si rivolge a un suo giovane collega alle prime armi, insegnandogli la prima regola del giornalismo di successo: "la giusta distanza", ovvero la misura che si deve tenere tra chi scrive e i fatti che racconta.

Non bisogna stare troppo lontano da ciò che si scrive, perché altrimenti la notizia diviene neutra, priva di *pathos,* ma neppure troppo vicino, perché se un giornalista si perde nell' eccesso di emozione, è fritto. I consigli di profilassi per arginare la pandemia di Coronavirus, hanno ripresentato questo tema della "giusta distanza" da tenere tra sé e gli altri, allo scopo di evitare il contagio. Così è tornato alla ribalta un tema caro alla prossemica, quello della "distanza di sicurezza".

La "distanza di sicurezza" tra un individuo e gli altri, dipende da svariati fattori: dalla sua appartenenza etnica, la sua formazione culturale, le sue abitudini relazionali; lo stesso individuo sperimenta modalità diverse di distanza a seconda delle relazioni che intrattiene. C'è una distanza intima (0-45 cm) una distanza personale (45-120 cm), una distanza sociale (1,2 – 3, 5m) e una distanza pubblica (oltre i 3,5m).

Nell'interessantissimo libro di Edward Hall *"La dimensione nascosta"* l'autore osserva che la distanza da cui si parlano le persone varia da luogo a luogo. Ad esempio, nel Nord Europa, la distanza normale tra due individui che parlano è maggiore che nei paesi mediterranei.

Esperimenti sui topi rivelano che questi animali, costretti a vivere stipati in uno spazio angusto, sviluppano una maggiore aggressività in quanto sentono continuamente minacciata la loro "distanza di sicurezza". Al tempo del Coronavirus, lo studio della prossemica ha aperto nuovi scenari, facendoci ripensare alla modalità delle relazioni umane.

L'eccessiva prossimità nella realtà attuale diviene potenzialmente portatrice di contagio. Un metro e mezzo, due metri divengono la "giusta distanza" che deve intercorrere tra gli individui. Mi torna alla mente Jaufrè Rudel, struggente cantore occitano dell'*amor de lonh* del XII secolo che con tanta accortezza seppe riconoscere il valore della "giusta distanza".

Amore impossibile, irraggiungibile e non corrisposto erano le cifre di questo sentimento che si nutriva appunto di assenza e di lontananza. L'amore per Jaufrè Rudel non coincideva col possesso, ma col desiderio, un desiderio che lo indusse a varcare il mare per conoscere la sua amata Melisenda, contessa di Tripoli. Quando finalmente riuscì nel suo intento così a lungo vagheggiato, la morte venne a prenderlo. Non riuscì a reggere all'urto emozionale dovuto alla presenza dell'Amata.

In questi tempi così oscuri e difficili, coltivare la distanza è forse un modo per comprendere meglio il mistero della prossimità. Se la presenza dell'altro minaccia la mia sicurezza personale, potrà sempre apparirmi come sfolgorante epifania nella dimensione simbolica dell'Oltre. Eppure la vita è fatta di scambi, di relazioni, incontri e comunicazione. Senza l'interazione con gli altri non possiamo essere nessuno. Tutto quello che siamo ci deriva da un'eredità offerta dalle interazioni che abbiamo avuto e che abbiamo con gli altri.

Da tutto questo deriva la formazione del nostro carattere, della nostra personalità, che si sviluppano grazie al rispecchiamento e all'ascolto. Tutto questo non significa però che per forza dobbiamo essere sempre alla portata di tutti. L'eccesso di presenza svilisce il valore delle relazioni, mentre la distanza affina lo sguardo e amplia la prospettiva, nel rispetto delle libertà reciproche. Il mistero del vivere ci porta a fare determinati incontri e a sviluppare determinate relazioni che in un modo o nell'altro incidono profondamente nello sviluppo della nostra vita. Con qualcuno il riconoscimento è immediato e reciproco, la sintonia profonda e la comprensione assoluta; con qualcun altro il percorso è più aspro e accidentato, la relazione mette allo scoperto le nostre fragilità, i nostri punti deboli, l'altro ci tormenta e ci ferisce.

Eppure, anche questo tipo d'incontri può diventare una grande occasione di conoscenza. I nostri "ostacolatori" o "sabotatori", sono capaci di metterci alla prova, permettendo così al nostro carattere e alle nostre passioni di radicarsi. Spesso la forza e la conoscenza ci derivano più dalle difficoltà che ci troviamo a dover superare che dalle gratificazioni. Per questo il viaggio esistenziale è un processo di conoscenza incessante, in cui ogni conquista non è mai definitiva e durante il quale gli orizzonti si spostano in continuazione. Con certe persone percorriamo solo un breve tratto di strada, eppure rimangono per sempre con noi. Con altre, la relazione continua, assiduamente e con reciprocità per tutta la vita, al punto che non riusciamo più a distinguerle da noi stessi.

Sono grata a tutti quelli che ho incontrato.

Più passa il tempo, più mi sento lontana da certi modi di pensare che trovo molto radicati nelle attitudini comuni: sopporto sempre meno il linguaggio dell'ideologia, che rende le persone incapaci di formulare giudizi autonomi, senza per forza dover appartenere a uno schieramento specifico. Questi limiti angusti soffocano la libertà intellettuale, opprimono il pensiero caricandolo di dogmatismi e assiomi. Ho sempre preferito il pensiero induttivo a quello deduttivo e credo che questi scudi protettivi, che sono le ideologie, soffochino ogni autenticità e uccidano la vita dello spirito e la ricerca della conoscenza. Il desiderio di appartenenza a un clan, a una gerarchia, offre l'illusione di una libertà apparente, mentre invece quest'appartenenza rende l'individuo schiavo e incapace di agire. Credo invece alle affinità elettive, alla possibilità da parte di alcuni individui di combinarsi insieme, creando un canale energetico capace di offrire nuove possibilità e di ampliare gli orizzonti.

Nonostante il periodo storico sia difficile e oscuro, non dobbiamo dimenticare di far tesoro di quanto brilla sul nostro Cammino e di portare con noi scintille di luce capaci di rischiarare anche la Notte più Oscura.

Vicini o lontani, continuiamo a procedere, con lo sguardo volto all'Orizzonte.

LUCIA GUIDORIZZI Note Biografiche

Viandante e poetessa, esploratrice dell'invisibile, è nata a Padova e vive a Venezia. Laureata in Lettere, conduce seminari di scrittura.

Ha pubblicato i libri di poesie:

"Confini" Editoria Universitaria 2005
"Scandalose entropie" Editoria Universitaria 2006
"Ibrida Hybris" Editoria Universitaria 2007
"Quadrilunio. Una tetralogia dell'Anima" Editoria Universitaria 2009
"Milagros" Supernova 2011
"Nel paese dei castelli di sabbia" Supernova 2013
"Controcanto" Supernova 2015
"Pietra Esile" Supernova 2017
"Foreste e Forestieri" Supernova 2019
"Quanto dista Finisterre?" Supernova 2020
"Gemmealuce" Supernova 2022

Ha curato l'antologia poetica

"Nelle stanze di Alice" Supernova 2021

Da molti anni fa parte di giurie in ambito poetico. Le sue poesie sono inserite in numerose antologie, è curatrice della rubrica *LuciAllaluna* per il *Progetto 7Lune*, collabora con "*Cartesensibili*", con "*I Quaderni del Cammino*", con la rivista online "*Amicando*" e con "*Peripli - poesia, fotografia e memoria*" curando la rubrica aperiodica *Venti di scirocco*.

PLAYLIST Bagliori sul sentiero

1. IDENTITÀ DISCONTINUE
   Let's dance - David Bowie
2. GUIDA PER MALICONICI
   Paint it black - Rolling Stones
3. GENESI
   Musical Box - Genesis
4. IL NOME E LE MATRIARCHE
   Atom Earth Mother - Pink Floyd
5. POESIA
   Vorrei incontrarti - Alan Sorrenti
6. APRIRE IL CUORE
   La sua figura - Giuni Russo
7. VIVERE IN CRISI
   Ragazzo triste - Patty Pravo
8. LA SIGNORA MARIA
   The lady and the unicorn - John Renbourn
9. ADOLESCENZA
   Stranizza d'amuri - Franco Battiato
10. RIFLESSIONI SULL'ACQUA
    The river - Bruce Springsteen
11. STRAVOLGIMENTO
    Paranoid - Black Sabbath
12. AVVENTURARSI NEL MONDO
    La tua prima luna - Claudio Rocchi
13. URLO
    Ragazzo di strada - I Corvi
14. SPLEEN
    Back to black - Amy Winehouse
15. FRANCESCA E PAOLO
    With a little help from my friends - Joe Cocker
16. LE PORTE DELLA PERCEZIONE
    Some velvet morning - Vanilla Fudge
17. TERRITORI INTERNI
    I talk to the wind - King Crimson

18. LA TERRA GUASTA
Il giardino del Mago - Banco del Mutuo Soccorso
19. MUSICA E PAROLE
La realtà non esiste - Claudio Rocchi
20. MUSICA E PAROLE
Il silenzio del rumore - Franco Battiato
21. IL PROFUMO DEI TIGLI NELLE SERE DI GIUGNO
Risveglio di primavera - Franco Battiato
22. NUTRIRE ASPIRAZIONI
Stairway to heaven - Led Zeppelin
23. DIALOGARE CON L'OMBRA
Black Magic Woman - Santana
24. COLTIVARE IL FUOCO
Light my fire - Doors
25. DUE FIGURE-EMBLEMA: ADRIANO, L'IMPERATORE E ZENONE, L'ALCHIMISTA
The court of the Crimson King - King Crimson
26. ADRIANO
Looking for someone - Genesis
27. ZENONE
Heaven and Hell - Black Sabbath
28. ANIMUS
E ti vengo a cercare - Franco Battiato
29. VIAGGI
Viaggio - Claudio Rocchi
30. LAVORO
Forever Young - Bob Dylan
31. VENEZIA, LUOGO DEL BARZAKH
Asia - Francesco Guccini
32. L'ARCANGELO SFACCENDATO
Ariva i barbari a cavaeo - Alberto D'Amico
33. SPLENDORI NELL'ORTO
Mama Madona dei Venessiani - Alberto D'Amico
34. ANGOLO DI GIBILTERRA
Miracolo a Venezia - Francesco De Gregori
35. POVEGLIA, L'ISOLA NERA
Venezia - Francesco Guccini

36. SOLITUDINE
    Summer in a solitary beach - Franco Battiato
37. CAMMINI
    Road - Nick Drake
38. PER I DESERTI CAMPI
    Segnali di vita - Franco Battiato
39. SENTIERO RILKE
    The conquest of Paradise - Vangelis
40. PELLEGRINAGGIO D'AUTUNNO
    Veni l'autunnu - Franco Battiato
41. APPENNINO
    Il Bosco - Claudio Rocchi
42. IL CAMMINO PER SANTIAGO DI COMPOSTELA
    Shine on your crazy diamond - Pink Floyd
43. MESETAS, SOLITUDINI METAFISICHE
    Silencio de Amor - Jeséd
44. E COME FRECCIA DESIDERANTE VARCARE IL PONTE
    Wish you were here - Pink Floyd
45. ULTREYA: SIN OTRA LUZ NI GUIA SINO LA QUE EN EL CORAZON ARDIA
    Noche Oscura - Jeséd
46. SENDA LITORAL CAMMINARE A FIANCO DELL'INVISIBILE
    O Mar "Saudade" - Madredeus
47. VENIRE ALLA LUCE A FINISTERRE
    Finisterre - Vetusta Morla
48. L'IMMAGINAZIONE CREATRICE
    Lucy in the sky with diamonds - Beatles
49. ORIZZONTI RITROVATI
    Dance me to the end of love - Leonard Cohen

CODICE QR della playlist

Scansionami!

Link di accesso
https://open.spotify.com/playlist/4dwoDQ2B1CWVyTvvVljCDd?si=5f4fb7989ae24919

Scansionami!

Sommario

Indice delle immagini

IL PROGETTO ETICO DI AUREA NOX

AUREA NOX è un progetto etico collettivo nato in rete nel Maggio 2021 da un'idea di Grazia Velvet Capone che ha ideato e realizzato anche tutte le elaborazioni grafiche.
Le energie creative del gruppo confluiscono nella collana-esperimento evolutivo chiamata **AVALON - Terra Sacra**: un luogo letterario dove gli autori si confrontano con un tema comune. È nata così l'idea di creare una pubblicazione ritmica, legata alla ruota dell'anno, adatta a tramandare forme-pensiero di profonda e assoluta ricerca evolutiva.

Una virtuale unione di intenti. Un Seme che diventi Quercia.

Di seguito ecco le altre collane editoriali

- BEE BOOK - SII UN LIBRO - Collana per bambini
- SEVEN DOORS - Sviluppo spirituale
- BREVIS - Saggi e Racconti brevi
- LYRA - Poesia
- HELOQUENCE - Diari, Romanzi, Manuali
- TRIBAL - Viaggi, Magia, Territori

Per contatti, richieste e collaborazioni:
Mail aureanox@libero.it

Gruppo Facebook Aurea Nox - Scrittori – Editori

AUREA NOX

www.ingramcontent.com/pod-product-compliance
Lightning Source LLC
Chambersburg PA
CBHW051458030726
47592CB00006B/1988

* 9 7 8 1 8 0 4 3 4 7 0 6 5 *